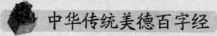

济·济危扶困

于永玉 董玮◎编

U0132976

　　一段历史之所以流传千古，是由于它蕴涵着不朽的精神；一段佳话之所以人所共知，是因为它充满了人性的光辉。感悟中华传统美德，获得智慧的启迪和温暖心灵的感动；品味中华美德故事，点燃心灵之光，照亮人生之路。

天津人民出版社

图书在版编目（CIP）数据

济：济危扶困 / 于永玉 , 董玮编 . —天津：天津
人民出版社，2012.3
（巅峰阅读文库 . 中华传统美德百字经）
ISBN 978-7-201-07516-7

Ⅰ . ①济…　Ⅱ . ①于…②董…　Ⅲ . ①品德教育—中
国—通俗读物　Ⅳ . ① D648-49

中国版本图书馆 CIP 数据核字 (2012) 第 058157 号

天津人民出版社出版

出版人：刘晓津

（天津市西康路 35 号　邮政编码：300051）

邮购部电话：（022）23332469

网址：http://www.tjrmcbs.com.cn

电子信箱：tjrmcbs@126.com

永清县晔盛亚胶印有限责任公司印刷　新华书店经销

2012 年 3 月第 1 版　2012 年 3 月第 1 次印刷

690×960 毫米　16 开本　10 印张　字数：100 千字

定价：19.80 元

中国是一个具有悠久历史和灿烂文化的文明古国，也是举世闻名的礼仪之邦。在历史的长河中，中华民族创造出了绚丽多彩的物质文化和精神文化，为人类的发展和进步做出了重要贡献。其中，中华民族的传统美德被大家代代传承。

那么，什么是传统美德？什么是中华民族的传统美德呢？通常来说，传统美德就是在自觉或习俗的道德规范中，一些被大多数人所接受并实际奉行的，而且在现代仍有着积极影响的那些美德。具体到中华民族传统美德，概括起来就是指中华民族优秀的民族品质、优良的民族精神、崇高的民族气节、高尚的民族情感以及良好的民族礼仪等，是中华民族在历史实践过程中积累而成的稳定的社会优秀道德因素，体现在人们生活的方方面面，涉及政治、经济、文化、意识等领域，并通过社会心理结构及其他物化媒介得以代代相传。

经过长期的历史沉淀，中华传统美德已融入到中华民族的思想意识和行为规范中，成为社会道德文化的遗传基因，成为整个中华民族文化的精神内涵，也是中华五千年文明史的精髓所在。继承和弘扬中华民族传统美德，可以振奋民族精神，增强民族自尊心、自信心、自豪感和凝聚力，使社会主义道德规范具有更丰富的内涵，让社会主义、集体主义、爱国主义思想等更加深入人心，成为社会主义文化的主旋律。同时，还可以更好地协调人际关系，促进社会主义市场经济的健康发展，形成有中国特色的、适应社会发展的价值观和伦理道德规范。

前 言

国民的思想道德状况，尤其是青少年的思想道德状况，直接关系着一个国家、一个民族的整体素质，关系着国家前途和民族命运。目前，我国已进入改革发展的新时期新阶段，德育教育的价值和意义更是日渐凸显。大力弘扬中华传统美德，建设社会主义核心价值体系，促进社会主义文化的发展和繁荣，是建设全面小康社会的主要任务，更是实现中华民族伟大复兴的必然要求。因此，党中央非常注重我国公民道德建设，全社会也已形成了加强和改进思想道德建设的新风尚。

青少年是国家的希望，是民族不断发展和延续的根本，因此，青少年德育教育就显得更加重要。为了增强和提升国民素质，尤其是青少年的道德素质，我们特意精心编写了本套丛书——《中华传统美德百字经》。

本套丛书立足当前公民，尤其是青少年思想道德教育的现实，将中华民族的传统美德归纳为一百个字，即学、问、孝、悌、师、教、言、行、中、庸、仁、义、敦、和、谨、慎、勤、俭、恤、济、贞、节、谦、让、宽、容、刚、毅、睦、贤、善、良、通、达、知、理、清、廉、朴、实、志、道、真、立、忠、诚、公、正、友、爱、同、礼、温、信、尊、敬、恭、恕、责、仪、精、专、博、富、明、智、勇、力、安、全、平、顺、敏、思、积、利、健、率、坚、情、养、群、严、慈、创、新、变、革、争、谏、诲、齐、省、克、竞、求、简、洁、强、律。丛书内容丰富、涵盖性强，力图将中华民族传统美德的内涵囊括进去。丛书通过故事、诗文和格言等形式，全面地展示了人类永不磨灭的美德：诚实、孝敬、负责、自律、敬业、勇敢……

济·济危扶困

这些故事在中华民族几千年的历史长河中，一直被人们用来警醒世人、提升自己，用做道德上对与错的标准；同时通过结合现代社会发展，又使其展现了中华民族在新时代的新精神、新风貌，从而较全面地展示了中华民族的美德。

在本套丛书中，为了帮助读者更好地理解这些源远流长的传统美德，我们还在每一篇故事后面给出了"故事感悟"，旨在令故事更加结合现代社会，结合我们自身的道德发展，以帮助读者获得更加全面的道德认知，并因此引发读者进一步的思考。同时，为丰富读者的知识面，我们还在故事后面设置了"史海撷英"、"文苑拾萃"等板块，让读者在深受美德教育、提升道德品质的同时，汲取更多的历史文化知识。

这是一套可以打动人心灵的丛书，也是可以丰富我们思想内涵的丛书……《中华传统美德百字经》向我们展示的是一种圣洁的、高尚的生活哲学。无论在任何社会、任何时代，给予人类基本力量的美德从来不曾变化。著名的美国政治家乔治·德里说："使美国强大的不是强权与实力，而是上帝赐予的美德。假如我们丢失了最根本且有用的美德，导弹和美元也不能使我们摆脱被毁灭的命运。"在今天，我们可能比任何时候都更应关心道德问题，尤其是青少年的道德问题，因为今天我们正逐渐面临从未有过的道德危机和挑战。

人生的美德与智慧就像散落的沙子，我们哪怕每天只收集一粒，终有一天能积沙成塔，收获一个光辉灿烂的明天。《中华传统美德百字经》中的美德故事将直指我们的内心，指向人性中善良的一面，唤起我们内心深处的道德感。因此，中华民

族的传统美德也一定会在我们的倡导和发扬之下，世世传承，代代延续！

　　全套丛书分类编排，内容详尽、文字优美、风格独具，是公民，尤其是青少年思想道德建设的优秀读物。愿这些恒久流传的美文和故事能抚平我们每个人驿动的心，愿这些优秀的美德种子能在青少年身上扎根、发芽、生长……

济·济危扶困

中华民族传统文化博大精深，济危扶困是中华传统美德的一种表现。济危扶困是我们民族"重义"的传统精神的一种具体体现，是处理群众关系中的一种传统美德。

先秦时期，墨子就提出了"兼爱"的主张，认为人们应当"视人之国若视其国，视人之家若视其家，视人之身若视其身"（《墨子·兼爱中》）。济危扶困可以说就是这种精神的体现，它表现为一种主动、自觉的态度，即能够率义而为、牺牲一己之力、急人之所急。

人生在世不可能一帆风顺，难免有危难之事、穷厄之时。对之幸灾乐祸，甚而乘机自肥、落井下石，向来为人们所不耻；而解囊相救、雪中送炭、助人为乐，这才是令人称颂的美德。

用现代人的眼光来看，济危扶困已经成为一种符合社会公德要求的社会互助行为表现在社会生活中的各个方面，它是社会主义精神文明建设的一项重要内容。

济危扶困在不同的社会历史条件下，有不同的特点和表现形式。

在中国历史发展中，流传着许多济危扶困的历史故事，像"范仲淹助穷生"、"范式送他人灵柩还乡"、"王玉涧成人之美"等等，都生动展现了济危扶困的传统美德。

同情弱者并予以关爱，是我们这个社会发展、进步的动力所在，在创建和谐社会的历史新时期，一个良好的社会环境决定了一个国家的发展方向；传统文化的继承与发扬，需要全社会共同努力、共同营造国家稳定发展的局面。

继承和发扬济危扶困的传统美德要求我们做到：在邻里之间、同事之间、朋友之间要热情帮助，不可冷漠无情、只想自己不想别人；发扬人道主义精神，关心那些身处逆境者；扶贫帮困要舍己为人、助人为乐，长此以往则必将形成良好的社会风尚。

　　济危扶困是全社会对弱势群体的一种关爱，但我们也要清醒地认识到，只有为弱势群体创造自食其力的必要条件，才能促进人民的共同进步。一个人是如此，一个国家也是如此，只有靠自己勤劳的双手打拼，才会有一个美好的未来。

目录

ZHONGHUACHUANTONGMEIDEBAIZIJING

中华传统美德百字经

济·济危扶困

第一篇

情系大众苍生

汤捕鸟网开三面

◎樊迟问仁，子曰："爱人。"——《论语》

商汤（？—前1588），子姓，名履，庙号太祖，是商太祖。商汤是商朝的创建者（约公元前1617-前1588年在位），儒家推崇的上古圣王之一，在位30年，其中17年为部落首领，13年为商朝君主。今人多称其为商汤，又称武汤、天乙、成汤、成唐，甲骨文称唐（音"唐"，为甲骨文的"唐"字）、大乙、太乙，又称高祖乙。

夏朝末年，国王夏桀荒淫残暴，整日只知道吃喝玩乐，恣意搜刮老百姓的钱财，又连年征战，并用残酷的刑法镇压人民的反抗，致使百姓生活在水深火热之中，人们都希望夏桀早一天死去。

谁能带领人民来推翻夏桀的统治呢？商汤勇敢地担起了这个重任。

商族是居住在我国北方的一支古老的民族，汤是商族始祖的第十四代孙。汤亲眼目睹了夏桀日益失去民心，而商族的势力又一天天地强大。于是，他便决心从北方南下推翻夏王朝，救人民于水火。

商汤是一位仁慈善良、爱惜百姓的首领。他深知要推翻夏桀的政权不能单靠武力，首先要争取民心，使天下的百姓都乐意归附，天下的有才能者都能辅佐他。

一天，汤到郊外出游，看见一个人从四面架起网，然后便向天祷告说："愿来自天下四方的飞鸟，都落入我的网中！"

这时，正在天空自由自在飞行的小鸟们，不知不觉进入了捕鸟人的网中。小鸟们左冲右突怎么也冲不出去，不时发出"啾，啾"的哀婉啼叫声。

汤看到这种情景，心里很有感触，便上前对捕鸟的人说："喂！你这样捕鸟会把天下的飞鸟都捕尽的。"

汤命令手下的人撤去三面网，只留下一面网，然后向上天祷告说："想从左面飞去的鸟，就从左面飞走吧！想从右面飞去的鸟，就从右面飞走吧！那些乱飞的鸟，只好进入我的网中了。"

商汤网开三面的故事很快便在夏桀统治下的各国传开了，人们都说："汤的德行太高尚，连对禽兽都有一副仁慈的心肠，更何况对于百姓呢！"

从此，各诸侯国的人都企盼商汤能够早日成为自己的君王。

不久，商汤开始准备征讨夏桀，他先将矛头指向葛国。葛国是汤的邻国，国君的行为很不检点，甚至不祭祀祖先。汤知道后派人责问葛国国君："你为什么不祭祀祖先？"

葛国国君葛伯回答说："没有祭祀用的牛羊啊。"

汤便派人送去牛羊，可葛伯却把牛羊宰杀吃肉，还是不祭祀先祖。

汤又派人问道："你为什么还不祭祀？"

葛伯说："没有祭祀用的粟米。"

汤又派民众前往葛国为葛伯种田，还向老人和小孩赠送食物。

这时，葛伯率人乘机抢夺酒食粟米，谁不给就把谁杀掉。

于是，商汤出兵讨伐葛伯，这事在当时影响很大，各诸侯国的人都说："商汤讨伐葛伯，不是为了有一天能够富有天下，而是为了给百姓报仇。"

商汤讨伐葛伯得到了各国人民的拥护，这为他推翻夏桀的正义战争开创了十分有利的形势。商汤从起兵伐葛到最终推翻夏桀王朝，先后共进行了11次征战。

当商汤率兵从东面征伐夏桀的时候，夏桀西面属国的人民就有怨言；从南面征伐夏桀的时候，北面的人民也有怨言。他们都说："汤为什么不先来讨伐

我国的昏君，却把我们排在后面？"

各诸侯国人民盼望商汤的到来，就像久旱盼甘霖。

商汤的军队纪律严明，凡是商汤讨伐夏桀的军队所经过的地方，赶集的人照旧进入市场、锄草的农夫依然在田间耕作，丝毫不受惊扰。商汤讨伐暴君、慰问百姓，犹如旱季降雨，天下百姓无比喜悦。

◎故事感悟

商汤捕鸟网开三面的故事，体现出他对当时人民所遭受的苦难非常同情。他向葛国的老人和小孩赠送酒肉粟米，因为无辜的儿童被杀害而讨伐葛国，这使他最终赢得了民心。因此，他的军队所向无敌，终于推翻了夏桀的残暴统治，建立了商王朝。

◎史海撷英

鸣条之战

约公元前1600年，商汤兴兵伐夏，在战前他举行了隆重的誓师仪式，《尚书·序》记载：汤"与桀战于鸣条之野，作汤誓"。誓师后商汤选良车七十乘，"必死之士"六千人，联合各方军队，采取战略大迂回，绕道至夏都以西突袭夏都。

夏桀仓促应战，西出拒汤，同商汤的军队在鸣条展开决战。决战中商汤的军队奋勇作战，一举击败了夏桀的主力部队，夏桀败退后归依于属国三朡（今山东省定陶县东一带）。

商汤乘胜攻灭了三朡，夏桀率少数残部逃往南巢（今安徽省巢湖市），不久病死。

商汤回师西亳（今河南省偃师市西），召开了众多诸侯参加的"景亳之命"大会，得到三千名诸侯的拥护，取得了天下之主的地位，夏朝正式宣告灭亡。

◎文苑拾萃

九 夷

古代称东方的九种民族。亦指其所居之地。《论语·子罕》："子欲居九夷。"何晏集解引马融曰："东方之夷有九种。"

《后汉书·东夷传》："夷有九种。曰：'畎夷、于夷、方夷、黄夷、白夷、赤夷、玄夷、风夷、阳夷。'"

明袁衮《远游赋》："昔孔圣之周流兮，居九夷而弗陋。"一说指玄菟、乐浪、高骊、满饰、凫更、索家、东屠、倭人、天鄙。见《尔雅·释地》"九夷"疏。

文翁兴学开教化

◎仁者爱人。——《孟子·离娄下》

　　文翁（公元前156—前101），名党，字仲翁。西汉官吏，庐江郡舒县（今属安徽舒城）人。汉景帝末年文翁担任蜀郡守，兴教育、举贤能、修水利，政绩卓著。汉初，四川成都一带为边陲。文翁治蜀首重教育，选派小吏至长安，受业博士，或学律令，结业回归，择优"为右职，次举官至郡守刺史者"；在成都兴"石室"，办地方"官学"，招下县子弟入学，入学者免除徭役，以成绩优良者补郡县吏，促进当地文化的发展。班固在《汉书》中评论说："至今巴蜀好文雅，文翁之化也。"据《都江堰水利述要》记载：文翁在任职期间，带领人民"穿湔江，灌溉繁田一千七百顷"，是第一个扩大都江堰灌区的官员。由于注重兴修水利，发展农业，使蜀郡出现了"世平道治，民物阜康"的局面。后世人为了缅怀文翁，特设立专祠每年进行祭祀。

　　这是发生在汉朝时期的故事。

　　这一天，天刚刚亮，蜀郡地区（今成都）的人民便如潮水般涌到郡府门前的一座新房子前，怀着惊奇的心情来观看本郡的一大奇观。

　　不一会儿，蜀郡郡守文翁走了出来，人们蜂拥而上。郡守大声向人们宣布："这所新房了就是咱们蜀郡第一所学校。"

　　学校！什么叫学校啊？蜀郡的人第一次听说这个名字，大家都以为这是一个新的官府机构呢！

　　原来，蜀郡这个地方在汉朝时还没有开化，一直处于蒙昧状态，百姓生活十分艰难，他们根本不知道学校是什么，有什么用。

　　文翁刚任蜀郡太守，就意识到了这个问题的严重性。

有一次，两个人打架，打得头破血流。文翁在处理这件事情时问他们："人和人之间要讲求仁义，互相谦让一些，你们为什么要打架呢？"

可是那两个人都不解地问："什么叫仁义？我们以前从来没有听说过！"

又有一次，有父子俩吵架，一直闹到文翁那里。文翁训斥那位年轻人说："做儿子的要讲求孝悌，难道你不懂吗？"

"什么叫孝悌呀？"年轻人迷惑不解。

通过这一系列的事情，文翁觉得很有必要教育开化这个地区的人民。

于是，他召集随从商量这件事。他说："我看这里的人们还没有开化，应该教育训导他们。"

"我们也知道这一问题，可是历任郡守都不管，我们何必操心呢？"

文翁叹息说："这只能是为官者的失误。如果一直不教育他们，他们什么时候才能开化呢？作为百姓的父母官，我有义务这样做。"

"那么我们怎样才能开化这些人呢？"随从们问道。

"我想在这儿开办一所学校。"

"可是到哪里找老师呢？"

"我们先选一批聪明好学的人到皇都学习，学成后回来，就可以教育百姓了。"

随从们听了文翁的主意，都非常赞成。于是，众随从都争先恐后地遵照文翁的吩咐行动起来。

文翁首先挑选了一批聪明好学的年轻人到皇都学习，培养他们成为学校的教师。

接着，文翁又下令在郡守府门前建起了一座高大的房子，当做校舍。

等到那些到皇都学习的年轻人学成归来后，文翁召集全郡的百姓到郡守府门前，宣布学校成立。

文翁在全郡的青少年中选了一批人成为学校的第一批学生，官府给他们很多好处，免除了他们的徭役，供给他们吃住。这些人学成后，都担任了蜀郡的官员，又负责教育训导百姓。

渐渐的，全蜀郡的人终于明白了什么叫学校，以及读书的众多好处，于是都争着上学，接受教育。

后来，文翁又在全郡建了好多学校，使全郡的青少年都能读书学习。

没过几年，蜀郡的社会风气迅速好转起来，人们生活富裕、文明礼貌、相互谦让、孝敬父母，和当时文明教化较好的齐鲁等地一样出名。

◎故事感悟

文翁以仁为政，训导教化人民收到了显著的效果，至今巴蜀地区的人们仍崇尚文明礼貌，社会风气文明良好，不能不说是文翁的功劳。

文翁从改变人民对事物的认识出发，提高了人民的文化素质，从根本上改变了人民的意识，这也是济困解难的一种方式吧！

◎史海撷英

文翁石室

文翁石室最早创建于公元前143年至前141年间，是由当时的蜀郡太守文翁所创建的，也是中国第一所地方官开办的学校。

文翁石室创立不久，便因为学风卓著、人才辈出而名冠西南一带。公元前124年，汉武帝亲自下令在全国兴办学校，以效仿文翁的善举。

不幸的是，到了东汉安帝时期，一场火灾将石室连同成都城一起烧毁，直到194年才由蜀守的高氏重新修复。同一年，汉廷便发生了著名的"州夺郡学"事件，石室也被辟为益州州学。

后蜀时期，石室内开始刊刻石经，北宋时期则继续补刻，一直到宣和年间才在石室内将十三经全部刻完。

明末清初，张献忠占据蜀都，将石室毁为瓦砾。1661年，在文翁石室旧址上又重新建立府学。

清康熙年间，四川按察使刘德芳在石室的基础上建立了锦江书院，直到1902年四川总督岑春煊将其改为成都师范学堂。辛亥革命后，此处又改称成都联合中学。

1940年2月，学校更名为四川省立成都石室中学。1952年9月，学校再次更名为成都第四中学。

◎文苑拾萃

循　　吏

"循吏"一词最早见于《史记》的《循吏列传》，后来的《汉书》、《后汉书》乃至《清史稿》中都这样称谓，成为正史中记述那些重农宣教、清正廉洁、所居民富、所去见思的州县级地方官的固定体例。

除了正史中有"循吏"、"良吏"的概念外，元杂剧中又有了"清官"以及民间有"青天大老爷"的称谓。

一般认为，循吏的政绩主要表现在改善人民的经济生活、教育、理论等三个方面。

按照儒家的"先富后教"政治模式，这三者中以改善人民的经济生活最为重要；教育、理论其实都是为前者服务。

中国历来重视农业，从循吏的重农行为中，可见我国古代重农政策执行的具体过程。

宏观上看，循吏重农行为表现在两方面：一是国家重农政策实施的中介过程；二是循吏从其自身建功立业的愿望出发，采取了以道德政治为特点的治理措施，客观上缓和了社会矛盾。从以上这两方面的意义讲，都体现了儒家文化"和"的精神。

范式送他人灵柩还乡

◎仁者，不忍也，施生爱人也。——《白虎通义》

范式（生卒年不详），字巨卿，东汉时期山阳金乡人，一名汜。范式少游太学，为诸生，与汝南张劭为友。

有一年，范式与同窗好友张劭返乡临分别时，范式对张劭说："两年后，我会到你家拜见你的父母，看看你的妻子和孩子。"二人还约定了见面的日期。

张劭回家以后，对母亲和妻子说了范式与自己的约定。张劭的母亲以为，既然范式真像儿子说的那样守信用，对范式与儿子的约定是应该相信的。

张劭的妻子在一边听着他们母子的谈话，不相信有这样的人，以为丈夫和人家的约定不过是戏言罢了，不可当真的。她的理由似乎也充分，因为范式家与张劭家远隔千里，是说来就能来的么？

青青黄黄两次，日子平淡且安稳，张劭的母亲和妻子早都把这件事情忘到了脑后，可张劭却对这件事情念念不忘。

当约好的日期快到的时候，张劭把这件事重新向母亲提起，并请母亲帮助他准备好酒菜。范式的母亲问儿子："你们已经分别两年了，相隔千里，你真的相信他会来吗？"

张劭回答："范式是一个讲信用的人，他一定不会违约的。"

母亲听了儿子的话，便准备好了酒菜，以备待客。

范式如约而至，果然到张劭家来了。这样，不光张劭的母亲，连张劭的妻子都打心眼儿里佩服范式是个真正讲信用的人。

范式在京师洛阳的太学中学习时，有个叫陈平子的长沙人是他的同学，但他们却没见过面。

陈平子听了范式守信的故事，很仰慕范式的为人，很想与他交往，但还没来得及见面，陈平子便得了重病。

陈平子眼看要死了，他的妻子不知所措，自己还带着孩子，又远离家乡，如何料理后事呢？

陈平子安慰妻子说："你不要着急，我听说我的同学范式是个道德高尚、讲信义的人。我死后，一切后事可以托付给他。现在他不在京师，你只要把我的尸体暂时埋在他家门前即可。"

说罢，陈平子撕了一块白绢，写信给范式。

不久，陈平子便死了。范式外出回来，看见陈平子的遗书和自己门前的坟头，既为陈平子的死而悲伤，又因为他对自己的信任而感动。

范式走到陈平子的坟前，大哭了一场。接着，他妥善地安排好灵柩，照顾好陈平子的妻子和孩子，并亲自护送他们回湖南老家。

当范式来到了湘江边，离长沙只有四五里路的时候，他把陈平子留给他的信放在灵柩上，挥泪告别。

陈平子的灵柩终于回到了家乡，他的兄弟们知道了这件事，希望当面向这位大恩人道谢，可是范式已经走出很远了。为此，陈平子的兄弟们感到很遗憾。

范式认为，积德行善，应该是发自内心的、是自觉自愿的，没有必要让人家感谢。

◎故事感悟

朋友之情在范式与张劭的友谊之间体现得淋漓尽致，为朋友不避险阻守信赴约，就算再艰难的事情，答应了也要尽最大努力去做，这才是真正的朋友之间的

友谊、信义！而对待陈平子这个昔日同窗，范式更是尽心尽力去帮助，死后帮助料理后事，体现了其高尚的道德情操和济危扶困的崇高精神。

◎史海撷英

汉章帝提倡儒学

汉章帝在位期间（75—88年），实行的是宽厚之政，进行了一系列管理改革：

一、废除了过去的一人犯谋逆等大罪而株连亲属之令，命罪人减刑迁到边远地区；

二、禁用酷刑，采纳了尚书陈宠的提议，废除了50余条刑罚残酷的条文；

三、禁止盐、铁的私煮和私铸；注重择优选拔官吏，以此作为政治清明的保证；

四、打击豪强地主兼并土地，采取优惠政策募民垦荒，鼓励人口增殖，并减轻徭役赋税；

五、改革历法，开始用李梵等所作的《四分历》。

除了以上的管理改革措施外，汉章帝还提倡尊儒术。

建初八年（公元83年），汉章帝选了一些高才生一起学《左氏春秋》、《谷梁传》、《古文尚书》、《毛诗》；但因经学家多有分歧，于是，便集中了许多文官、博士，在白虎观讨论"五经"的同异，并让班固将讨论结果整理成书，名为《白虎通德论》（又称《白虎通义》、《白虎通》），这部书系统地吸收了阴阳五行和谶纬之学，形成了文经学派的主要论点，是董仲舒以来儒家神秘主义哲学的进一步发展。

◎文苑拾萃

太学的建立

汉武帝建元六年（公元前135年），太学在长安正式设立。在太学之中，由博士任教授。开始时，设立了五经博士，专门来讲授儒家经典。

到了汉宣帝时期，博士人数增加到了 12 人。而到了王莽当政时，博士则增加到了 30 人。

在太学中，学生被称为"博士弟子"或"太学弟子"。而且，学生都有免除赋役的特权。

学生在入选时，内部主要由太常负责选择，外部则由郡国察举。

太学的主要目的是培养统治人民的封建官僚，不过在传播文化方面也起到了重要作用。

王朗救孤

◎仁是根，爱是苗。——朱熹

王朗（?—228），本名王严，字景兴，东海郯（今山东郯城西北）人。王朗是汉末三国时期名士，仕于曹魏，官至司徒、兰陵侯，与钟繇、华歆并为三公，谥曰成侯。

王朗年轻的时候，曾经与沛国的名士刘阳结交，成了好朋友。他们能成为好朋友，是出于对彼此的欣赏。

刘阳虽然没有诸葛亮与张仪名气大，但是他对于当时各国政治、军事、文化以及各个方面的形势，有自己的独到见解。因此，刘阳受到了两个人的关注。这两个人，一个是好朋友王朗，另一个就是曹操。

当然，王朗是用欣赏的眼光看刘阳，曹操则对刘阳充满了戒心。还是地方官的刘阳，看到汉王朝日趋衰落，而曹操将成为汉王朝的祸害，就想把他除掉，但是没能成功。

不久，刘阳就死了，死时只有30岁。

后来曹操掌了大权，到处寻找刘阳的儿子，决定杀掉他，以除后患。

曹操戒备刘阳是因为他的才华。曹操认为，刘阳的存在对自己有着潜在的威胁。那么，如今刘阳已经死了，为何他连刘阳的儿子也不放过呢？

曹操疑心很重，他有句话叫做"宁可我负天下人，也不让天下人负我"。这句话的意思是说，我可以做对不起任何人的事情，但不能容忍有人做对不起我的事情。这句话用"顺我者昌，逆我者亡"来概括，是再确切不过的了。

东躲西藏的日子使刘阳的儿子似惊弓之鸟，处境艰难。刘阳虽然有很多亲戚朋友，但是没有一个人敢收留他的儿子。

正在刘阳的儿子几乎绝望之时，王朗向他伸出了援助之手，将他接到家中。从此，刘阳的儿子结束了"漂泊"的日子。

曹操的担心并非多余，他很清楚，一旦刘阳的儿子以及后人真的成了气候，恐怕会对自己产生威胁。

后来，王朗曾多次在曹操面前替他求情。过了很久，曹操才决定赦免他。

曹操为什么赦免了刘阳的儿子甚至放过了刘阳的全家？不是曹操改变了对刘阳的看法，更不是曹操对刘阳的儿子以及他的家人动了恻隐之心，而是他看出刘阳的儿子连刘阳的一丁点儿都不及，他那颗悬了很久的心才放了下来。

后来，王朗又一次在曹操面前替刘阳的儿子说情，曹操的脸上露出了一丝笑意。那笑意到底是得意的笑，还是鄙视的笑，不得而知。曹操冲王朗挥了挥手，说："去吧，去吧，别再让他在你家躲着啦，该干什么干什么去吧！"

曹操的一句话，保住了刘阳儿子的性命，也结束了刘阳全家人的避难生涯。在王朗的庇护下，刘阳的家室才得以保全下来。

◎故事感悟

王朗救孤的故事告诉人们，朋友处于危难的时候，应该尽自己最大的努力伸出援助的手，帮贫扶弱，这不但是一种做人的品行，更是一种处世的美德。

◎史海撷英

夷陵之战

夷陵之战又称"彝陵之战、猇亭之战"。夷陵猇亭之战是三国史上的三大战役之一，也是最后一战，其他两大战役是官渡之战和赤壁之战。

夷陵之战发生于公元222年，是三国时期吴国和蜀国为争夺战略要地荆州八

郡而进行的一场战争，是中国古代战争史上一次著名的积极防御的成功战例。

赤壁之战后三国分立。刘备入蜀占据益州，留大将关羽坐镇荆州。建安二十四年（219年），关羽率军在樊城围攻了曹操大将曹仁，并水淹曹操七军，曹将于禁投降，庞德被斩，此事震动魏国许都。

曹操采纳了谋士司马懿、蒋济的建议，利用孙权和刘备之间的矛盾，劝孙权向荆州进攻关羽后方，以缓和关羽北上的压力。

居于建业上游的荆州，直接危及到孙权江东政权的安危，又是蜀与魏争夺中原的战略要地，一直为吴蜀必争。当年十月，孙权趁关羽与曹军在樊城作战之际，派大将吕蒙袭取了荆州治所江陵。

关羽腹背受敌，十二月南返至章乡（今湖北当阳东北），与儿子关平皆为吴将俘杀。孙权占领荆州，吴、蜀联盟关系因此也破裂。

刘备撤军不弃民

◎仁者，爱之理；爱者，仁之事。——朱熹

> 蜀汉昭烈帝刘备（161—223），字玄德，涿郡涿县（今河北涿州）人，据说是汉中山靖王刘胜的后代，三国时期蜀汉开国皇帝，221—223年在位，谥号"昭烈皇帝"，史家又称为"先主"。

东汉末年，刘备在曹操大军接二连三的追击下，只好投奔到荆州刘表那里。刘表非常赏识刘备，用隆重的礼节迎接他，并让他带兵驻守在新野附近。

刘表病重时，特意把刘备召来，郑重地嘱托他："我的儿子没什么才能，将领的能力也不够强，我死之后，你可以兼任荆州刺史。"

刘备连连摆手，用温和的声音安慰刘表："您的几位公子很有才华，您还是安心养病，我是不会忘记您对我的深厚恩情的！"

刘表感动得热泪盈眶。有人不理解这件事，劝刘备说："我看你不如听从刘表的话，他这可是一片真心啊！"

刘备仍然用坚决的口气说："你不了解我。刘表待我如此，如果我听从他的话，天下的百姓一定会嘲笑我是一个不仁不义的人，我不想被天下人所误解。"

没过几年，曹操率领大军南征。这时刘表已经病死了，刘表的儿子刘琮做了荆州牧。

刘琮是个贪生怕死的人，他不仅没带兵抵抗，反而急忙向曹操请求投降，

但他没敢把这件事告诉刘备。

很快，曹军已经兵临城下，形势十分危急。刘备得知这一消息后捶胸顿足、仰天长叹，非常生气地说："刘琮啊，刘琮，你怎么这样没有志气呢？你对不起你父亲对你的教诲啊！"

这时刘备部下的人，甚至诸葛亮等人，都纷纷劝说刘备抓住这一有利时机去攻打刘琮，占领荆州这个战略要地。

刘备沉思了许久，坚定地说："刘表病重时把他的儿子托付给我，我也答应要好好照顾他。如今我反而去攻打刘琮，这种事我是不忍心也决不会做的，你们别再劝了！"

当刘备率领部下经过襄阳城时，便向城上大声呼喊："请刘琮出来，我有几句话要对他说。"

刘琮吓得不敢出来。刘备无奈地叹了口气，随后来到刘表的墓前跪倒在地，扶住冰冷的墓碑，伤心地哭了很久，四周的将领们也感动得眼眶湿润了。

刘琮的部下、荆州的军士和老百姓，被刘备对刘表的深厚情义所感动，他们都心甘情愿地跟随刘备前往江陵逃难。

队伍到达当阳城时，跟随刘备的士兵和百姓多达十万人，运载粮草财物的车子也有几千辆，人山人海，缓慢地向前移动。百姓们扶老携幼，走得很慢。

有人很焦急地劝刘备："我们的目的是占有江陵，按现在的速度走，肯定会被曹军追上的。再说，这十万人，貌似庞大，其实并没有多少士兵，多是一些老百姓，曹军来了，又如何抵抗呢？"

刘备很自信地说："我们做大事的，应该懂得争取广大人民的拥护。大家这么热情地跟随我，是对我的信任，我又怎么忍心丢下他们不管呢？"

这支很独特的队伍仍缓慢地朝前行进着，老百姓的心里都充满了无限的希望。

这时，曹操亲自率领五千精兵追了过来，行动神速。形势实在太危险了，直到这时，刘备才在众人的再三劝说下，不得不抛弃妻子，与诸葛亮、张飞等几十名骑兵急忙先走一步。

后来，刘备采纳了东吴军师鲁肃的建议，与东吴孙权联合起来，共同对付曹操。刘备的力量壮大起来了，生活上有了坚实的保障，那十万老百姓也跟着刘备过上了安稳的生活。

◎故事感悟

刘备为人宽厚，讲求仁义。他敬重帮助过他的人，爱护拥护他的百姓，甚至在危难时也不忍心抛弃随行的平民，被后世传为美谈。

◎史海撷英

刘备借荆州

建安十三年（208年），荆州牧刘表因病而死，曹操便亲率大军南下，准备占领荆州。刘表的次子刘琮继位荆州牧后，因为害怕曹操而向曹操投降了。而刘表的长子刘琦则积极联合刘备，意图一起抵抗曹操的大军。

刘备从新野向江夏撤军，路经襄阳时，很多荆州士人都来投靠刘备。这时有人劝刘备说，应该抛弃这些人，让大军轻骑前进，但刘备却说："夫济大事必以人为本，今人归吾，吾何忍弃去！"

到了当阳时，跟随刘备的人竟然达到了十万人。由于辎重较多，每天只能行十余里路，最后终于在当阳的长坂遭遇大败。

此时，刘备恰好遇上了前来打探情报的鲁肃。鲁肃便劝说刘备与孙权联合，一起对抗曹操。于是，刘备就率军转从汉津港前往夏口，派诸葛亮只身前往东吴，游说孙权联合抗曹。

孙权答应了刘备的请求，然后以周瑜、程普为左右督军，率军三万，与刘备并力，在赤壁大破曹军。刘备则趁机迅速夺取了荆南四郡，占领了荆州。随后，他又与周瑜在江陵围攻曹仁，将其打败。

此时，庐江的雷绪率部数万人前来投奔刘备，从而大大增强了刘备的实力。

◎文苑拾萃

刘备惠陵

　　蜀国的开国先主皇帝刘备的惠陵位于四川省成都市南郊。

　　这座拔地突起的古冢，有红砖垣墙环绕，在苍松翠柏的掩映中，越发显得庄典而肃穆。惠陵为夯土垒筑，呈圆形，砖砌的垣墙环绕于陵冢周围，周长180多米。陵前有乾隆年间刻制的穹碑一座，碑身镌刻有"汉昭烈皇帝之陵"七个苍劲有力的大字。

　　陵前方建有寝殿，惠陵西侧原建有"昭烈庙"和"武侯祠"。据记载，武侯祠始建于4世纪，晚唐诗人李商隐游惠陵时曾写下《武侯祠古柏》一诗；大诗人杜甫也在此留下过"丞相祠堂何处寻，锦官城外柏森森"的诗句，从诗中可感觉到惠陵周围古柏苍郁的宏伟气势。

　　明朝初年，把"武侯祠"并入"昭烈庙"。重修后的"昭烈庙"颇为壮观，当时大门横额楷书"汉昭烈庙"的金字大匾，但这一建筑后来毁于兵火。现在的惠陵仍旧是苍松环抱，武侯祠绿瓦飞檐，雕梁画栋，交相辉映，是成都著名的名胜古迹之一。

慷慨救助穷亲族

◎仁之发处自是爱。——朱熹

> 徐陵（生卒年不详），字孝穆，东海郯（今山东郯城）人。徐陵是南朝梁陈时期的诗人和骈文家。

　　徐陵很有才干，为人大度，但在生活上却是一个十分俭朴的人。他对经营产业没有兴趣，以把俸禄跟亲族共用为乐。

　　徐陵做了官之后，俸禄很高，加上他生活节俭，手中逐渐积攒下来一笔银两。朋友们曾经不止一次地劝他：银子放在家里、锁在柜子里，是无法升值的；而把它们拿出来，置办一些产业投资经营，钱就活了。钱生钱，利滚利，小本变成大本，集腋成裘，财富的积累会逐渐地多起来。即便自己用不完，留给后人也是好的。

　　这样的道理，徐陵不是不懂，但是他有自己的想法。徐陵认为自己吃朝廷的俸禄，生活已经很不错了，如果再置办产业搞投资，虽然可以得到更多的钱财，但是做生意即便仍旧保持平和的心态，由于环境与生活轨迹的改变，人也会变化的。财富积累多了，并不见得是什么好事。

　　因此，徐陵坚守生活俭朴的信念没有改变，清心寡欲的意识反而更加强烈了。对于徐陵的做法，他的同僚和朋友都不以为然，他们觉得徐陵读书读傻了，官虽然做大了，胆子却小了。

　　对于别人的议论，徐陵只是付之一笑。徐陵心想，让他们胡乱猜想去吧，

我的主张与追求是不会改变的。

陈宣帝太建年间，徐陵在建昌收取租粮，家家户户把米送到水边。凡是亲戚中生活贫穷的，徐陵都招呼他们前来取米。几天的工夫，徐陵便把米都送给了生活困难的亲戚。收租米变成了周济亲戚，徐陵看着饥饿的人吃上了饱饭，心里安稳多了。

没过多久，徐陵自己家就没有米吃了，官署中的同僚问他其中的缘故，他说："我家虽然没有存粮了，但我有牛、车、衣裳可卖，其他人家可没有能卖的。"

有人说，徐陵这个人变得越来越傻了，明明清楚自己家都要没有米吃了，却还要把所有的米周济给别人，为什么呢？或许就为了留个好名声吧。

徐陵把别人对自己的议论跟妻子说了，妻子听了丈夫的话，微笑着问徐陵："平心而论，你到底是什么想法呢？"

徐陵没有直接回答妻子的问话，而是对妻子说："难道你还不了解我的心意？"

其实，徐陵的妻子怎么会不了解丈夫呢？说起来，事情还要追溯到徐陵的新婚之夜。徐陵的新婚之夜是在通宵聊天中度过的。

徐陵送走最后一拨前来喝喜酒的客人时已经夜半时分，新娘仍旧端坐在床边不动。徐陵问妻子："你在那里坐了那么久，一定很累了吧？"

妻子没有作答，只是点了点头。

徐陵对妻子坦诚地说："我这个人，除了读书、作文之外，再无所长，今后你跟我了，一定要吃苦喽！"

"我不怕吃苦！"妻子回答道。

徐陵听了妻子的回答觉得很意外，他原以为自己这样的问题，得到妻子回答的可能性不是很大。既然妻子这样愿意与自己说话，徐陵便与妻子聊了起来。

也就是在那天晚上，徐陵几乎把心里的话全说了出来，诸如读书人的清高、亲情的可贵、周济他人的必要等等。当时，妻子以为他不过是信口开河罢了，只是随声附和。

令妻子没有想到的是，徐陵真是一个说到做到的人。妻子除了敬佩徐陵的人品之外，对丈夫清廉为官与仗义疏财的行为也给予全力支持，哪怕就是家里连一粒米都没有，她也从不抱怨，而是与丈夫同甘苦、共患难。

如果没有妻子的理解和支持，徐陵轻物重情的做法也是难以实施的。

◎故事感悟

如果没有妻子的理解和支持，徐陵轻物重情的做法也是难以实施的。徐陵夫妻二人的故事充分体现了我们中华民族乐善好施、扶危济困的传统美德。

◎史海撷英

南朝文化

南朝在中国诗歌史上是非常重要的一个时期。清沈德潜在《说诗晬语》卷里说："诗至于宋，性情渐隐，声色大开，诗运一转关也。"

南朝诗人与魏晋诗人不同，南朝诗人更崇尚声色，追求艺术形式的完善和华美。

梁朝的萧子显所说的"若无新变，不能代雄"，描述的就是这种追求新变趋势的理论总结。鲍照的乐府诗，唱出了广大寒士的心声，他在诗歌艺术形式上的探索和创新，对诗坛有着十分积极的意义。

谢灵运开创的山水诗，把自然界的美景引进诗中，使山水成为独立的审美对象。他不仅把诗歌从"淡乎寡味"的玄理中解放出来，而且加强了诗歌的艺术技巧和表现力。山水诗的出现，为中国诗歌增加了一种新题材，开启了南朝一代新的诗歌风貌，影响了一代诗风。

继陶渊明的田园诗之后，山水诗体现了人与自然的沟通与和谐，标志着一种新的自然审美观和审美趣味的产生。

◎文苑拾萃

《玉台新咏》

《玉台新咏》是梁朝中叶选编的一部诗歌总集。传说编者是涂陵，也有人认为编者是稍后之人，但此说尚不足以成定论。

《玉台新咏》收入有东周至梁诗歌共769篇。据考证，是专为梁元帝萧绎的涂妃排忧遣闷而编。诗集的取材是以"选录艳歌"为宗旨（《玉台新咏序》），主要收入男女闺情之作，多是离愁别恨、伤遇感时、中道弃捐等内容，范围较狭窄。

但是，其中也收入了不少感情真挚并具有现实意义的诗篇，如汉乐府民歌《陌上桑》，中国古代长篇叙事诗《为焦仲卿妻作》（又名《孔雀东南飞》）、《上山采蘼芜》等。

在这些诗中，都描绘了真挚的爱情和妇女的痛苦。这说明《玉台新咏》所录的诗作并非都是艳情诗。这些民间文学作品在萧统的《文选》里都没有，而是被《玉台新咏》收录而得以流传今世。该书的注本有清代纪容舒的《玉台新咏考异》等。

敢吞蝗虫的皇帝

◎体肤所以爱者，则固求仁之要也。——张栻

唐太宗李世民（599—649），是唐朝第二位皇帝，年号贞观。他名字的意思是"济世安民"。他的前半生是立下赫赫武功的军事家，在唐朝的建立过程中发挥了决定性作用。唐朝建立后，李世民受封为秦国公，后又晋封为秦王。李世民先平窦建德、王世充，后发动玄武门之变，杀死自己的兄弟太子李建成、齐王李元吉两人，被立为太子。不久唐高祖李渊被迫让位，李世民即位。即位为帝后，李世民积极听取群臣的意见，努力学习文治天下，成为中国历史上最著名的政治家与明君之一。李世民主动消灭群雄割据势力，虚心纳谏，在国内厉行节约，使百姓休养生息，终于使得社会出现了国泰民安的局面，开创了唐朝历史及中国历史上著名的贞观之治，为后来的开元盛世奠定了重要的基础。唐太宗在位23年，享年50岁，初谥文皇帝，庙号太宗，葬于昭陵。674年加谥文武圣皇帝，749年加谥文武大圣皇帝，754年加谥文武大圣大广孝皇帝。

唐朝初年，关中地区（今陕西省中部渭河平原）蝗虫成灾。蝗虫铺天盖地，黑压压一片，农民的大片庄稼被吃光。农民看在眼里，急在心里，眼看来年就得挨饿，却一点儿办法都没有。

一天，唐太宗李世民在花园里散步，看见许多蝗虫，便问身边的大臣："花园里为何有这么多蝗虫？"

一位大臣说："现在关中地区正闹蝗灾。"

唐太宗又问："灾情如何？"

大臣回答说："灾情很严重，很多地方庄稼已被吃光。"

唐太宗十分伤心地说："百姓靠五谷为生，蝗虫把庄稼吃光了，我身为一

国之君却让百姓挨饿，我如何面对天下人呢？"

唐太宗顺手抓住一只蝗虫扔进嘴里吞了下去，然后对身边的大臣说："就让蝗虫吃我吧，我要为百姓承受灾难。"然后下令："赶紧运粮到关中，救济百姓。"

很快一大批粮食运到关中，饥饿的百姓手捧着粮食面向长安高呼："皇帝万岁。"

唐太宗李世民在青年时期随着父亲李渊南征北战，非常了解百姓的疾苦，自己做了皇帝之后，十分关心百姓的生活，广施仁政。

他常对大臣们说：隋朝灭亡的原因是隋朝皇帝对百姓剥削太重，百姓被迫起来反抗，所以统治者一定要爱护人民，对人民要施行仁政。只有这样社会才可能稳定，人民才能安居乐业。

他把百姓比做水，把统治者比做船，形象地说"水能载舟，亦能覆舟"。

唐太宗不仅这样说，而且也是这样做的。

有一次，他阅读《明堂针灸书》，这是一本讲如何医治疾病的书。书中写道："人体内的五脏，都附在人的脊背上。"

当时有一种刑罚，就是用皮鞭抽打犯人的脊背。唐太宗读后，联想到这种刑罚，感慨地说："既然人的五脏附在背上，用皮鞭抽打人，怎能忍受得了？这种刑罚一定要废除。"

于是下令废除了这种刑罚。

唐朝初年，由于黄河多年未修，经常决堤。有一年，黄河遇上了几十年未遇的大水，多处决堤。水到之处，良田被毁，房屋被淹，百姓死伤无数。

唐太宗巡视灾区，看到茫茫大水中漂着的死尸，伤心地掉下了眼泪。他对身边的大臣说："这是我的过错啊！我对不起天下的百姓。如果这被淹死的人是我的亲属，我……"

他再也说不下去了。

唐太宗的船驶到一座山边，山上有许多避难的百姓。他下了船，告诉百姓："朕会帮助你们渡过难关的。"

船继续行驶，突然前方有一条小船上传来小孩的哭声，眼看着小船就要被浪冲翻，太宗传令速去救小船上的人。这条小船上只有一个十来岁的小孩儿，唐太宗抚摸着小孩，问他："你父母呢？怎么只有你一个人在船上？"

小孩说："我的父母被大水冲走了。他们先把我放在了这条小船上。"

唐太宗眼中噙着眼泪，紧紧地揽着这个孤苦的小孩。

唐太宗回到长安之后，拨了大批粮食到灾区，而且也征调了大批军队去修黄河大堤，百姓无不由衷地感谢太宗。这样没过多少年，唐朝国力蒸蒸日上，人口渐渐增多，社会稳定，商业发达。

后人因太宗年号"贞观"，所以把他在位期间的清明政治称作"贞观之治"。

◎故事感悟

唐太宗处处为百姓着想，为民谋福、解民之难，所以才会得到百姓的拥戴，使唐朝成为中国历史上继汉朝之后又一个强盛的时代。

◎史海撷英

唐太宗时期的领土扩张

唐太宗统治的贞观年间，是唐朝拓展边疆最迅猛的时期，也是获胜最多的时期。贞观年间，唐朝先后取得了对东突厥、吐蕃、吐谷浑、高昌、焉耆、西突厥、薛延陀、高句丽、龟兹乃至包括对印度用兵的胜利。这些战争的胜利，奠定了唐朝三百年的基业。

这些战争中，唐军出击定襄痛歼突厥，活捉突厥王颉利可汗，是唐朝历史上拓边战争中最辉煌的一次胜利。当时的突厥是唐朝最大的边患，而灭了突厥，使唐朝成为独立的东方最大王国。

唐朝对吐蕃的攻打也是非常重要的拓边行动。当时，太宗派遣著名将领侯君集带兵出击时常到唐边界骚扰而骄横的吐蕃人。侯君集夜袭击败了吐蕃军，斩首千余人。

吐蕃军退兵后，松赞干布派使者来唐谢罪求和，同时还提出和亲的请求。贞观十五年（641年），文成公主入藏嫁给松赞干布。

贞观八年（634年），吐谷浑侵犯唐朝，唐军再次远征，克服远途劳顿和缺水的艰辛，终于袭破首领可汗伏允的住帐，伏允抛弃妻子仓皇逃窜，在沙漠中被部下所杀。从此，吐谷浑被纳入唐朝的势力范围。

◎文苑拾萃

出 猎

（唐）李世民

楚王云梦泽，汉帝长杨宫。

岂若因农暇，阅武出轘嵩。

三驱陈锐卒，七萃列材雄。

寒野霜氛白，平原烧火红。

雕戈夏服箭，羽骑绿沉弓。

怖兽潜幽壑，惊禽散翠空。

长烟晦落景，灌木振严风。

所为除民瘼，非是悦林丛。

陈君宾储粮赈邻郡

◎爱虽不可以名仁，而仁亦不能离乎爱也。——陈淳

陈君宾（生卒年不详），南朝鄱阳王伯山之子。唐武德（618-626年）初年，封东阳郡山，迁邢州（今河北邢台）刺史。唐贞观（627-649年）初年任邓州（今河南邓县城东南隅）刺史。当时邓州遭丧乱，百姓外流，陈君宾尽力安抚，不到一个月百姓就都回来了。次年，河南地区大霜成灾，唯独陈君宾所管辖的地方有储粮，充美、蒲虞二州的百姓都赖以为生。同年入为太府少卿，转少府少监。后卒于官。

中国古代没有专门的救灾机构，如果碰上灾荒，主要由地方官员负责赈济灾民。一个州县的官吏能组织百姓度过荒年，已经很不容易了。如果还能救助其他州府的百姓，更是难能可贵。

唐太宗时期就曾有过这样一位出色的地方官陈君宾。

陈君宾是陈朝鄱阳王陈伯山之子，隋朝时曾任襄国太守，唐高祖武德初年率全郡归顺唐朝。贞观元年，陈君宾任邓州刺史。

邓州位于豫、鄂交通要道，是防守荆、襄的门户。隋末的战乱对这里破坏非常严重，百姓流离失所，苦不堪言。

史书上对邓州当时的情形曾有这样的描述："隋末乱离，毒被海内，率土百姓，零落殆尽，州里萧条，十不存一。"可见当时邓州遭受的破坏多么严重。

唐初，统治者忙于全国统一战争，也未更多地顾及恢复生产。陈君宾上任后，首先发安民告示，招抚百姓返回家园、恢复生产。一个月的时间，流散各地的百姓纷纷回到邓州。

小农经济具有易受破坏、恢复也快的特点。只要政治稳定、与民休息、轻徭薄赋，很快便可重新发展起来。由于治理得当，仅一年的光景，邓州的农业生产就已恢复，粮食丰收，州内一派繁荣的景象。

第二年，全国各地普遍遭霜、涝灾害，关中六州等地遭受大旱，灾情十分严重。只有邓州没受到饥荒影响，百姓家家有粮食储备，足见陈君宾治农积储有方。这年因灾情较重，唐太宗下令灾区百姓可以到各地就食。远在五六百里外的蒲州（今山西永济县西）、虞州（今山西运城西南）的饥民都涌到邓州谋食。

陈君宾带动全州官吏及百姓，以户为单位，每家根据自己的能力收养安置流民，使入境的灾民顺利度过了荒年。当灾民返回家园时，邓州的百姓仍有余粮，于是又把粮食换成布帛，送给灾民添置衣物。

唐太宗对邓州官民妥善赈济他州灾民的做法非常满意，不仅给每位官吏记了功，还给凡是安养饥民的百姓免除一年的户调，特意颁布诏书嘉奖他们。

诏书中说："如此用意，嘉叹良深。一则知水旱无常，彼此递相拯赡，不虑凶年。二则知礼让兴行，轻财重义，四海士庶，皆为兄弟。变硗薄之风，敦仁慈之俗，政化如此，朕复何忧！"

◎故事感悟

邓州官民顾全大局、深明大义，行助人为乐之风，赈救邻郡灾民，理应得到赞誉。但这一切，首先要归功于陈君宾稳定社会、发展生产的安民良策和率先垂范、以身作则的为官之道。

◎史海撷英

唐太宗征战高句丽

唐朝初年，表面臣服的高句丽虽然向新建的唐朝朝贡，但心里却对唐王朝十分敌视。唐太宗李世民执政期间，为了援助处于高句丽和百济围困中的新罗，并统一被高句丽占据的辽东地区（当时的"辽东"即中国东北辽河以东地区以及朝鲜半岛的北部），唐太宗打算征讨高句丽。

贞观十九年（645年），唐军开始向辽东进军。唐太宗对部下说："现在四方基本安定，就剩下这块地方了。趁我还没死，良将们还有精力，一定要解决掉。"

当年夏季，唐将李勣率军突然出现在辽东城下，高句丽士兵大惊。随后，营州都督张俭和将领李道宗也率兵进入辽东，击败高句丽兵，斩首数千。

四月，唐军攻破高句丽盖牟城，俘虏两万多人，缴获粮食十多万石。五月，另一路唐军从山东渡海攻破高句丽卑沙城，俘虏八千人。这是百年来中国军队第一次打过鸭绿江。

不久，李勣、李道宗率军进逼辽东城下。高句丽派来数万援兵。有人建议，高句丽军人多唐军人少，应该坚守。但李道宗说：我们就是杀杀他们的锐气。李勣说：我们就是替皇上扫马路的，现在马路不干净，我们怎么能躲呢？

于是，虽然唐军处于劣势却进攻猛烈，高句丽兵被冲乱阵形大败而归。唐太宗大军一到，把辽东城围得水泄不通，日夜攻打。乘刮南风之机，唐太宗指挥士兵点燃城池西南楼，顺风放火。高句丽军难以抵抗，辽东陷落。唐军杀高句丽兵一万多人，俘虏一万多人，掠取百姓四万多人。

攻克辽东后，唐军向白岩城进发。六月，白岩城不战而降，唐军继续向安市进发。高句丽将领高延寿等人率靺鞨、高句丽兵十五万救援，被唐军击败。高延寿等人来到唐军营乞降，进门就跪伏在地。唐太宗问道："东夷小子，……现在你们还敢与我天子打仗吗？"高延寿等人都不敢回答。唐太宗将降军中的高句丽军官、酋长三千余人虏往中原，其余高句丽人全部释放。

安市城小但坚固，在城主杨万春的抵抗下，唐军围攻数月无法攻克。最终，唐太宗决定暂时停止这次出征。九月，唐军班师。

此次出战，虽重创高句丽，但战事持久，耗费巨大，而最终也未能灭亡高句丽。因此，唐太宗认为这次属于战败，痛心地说：如果魏征还活着，肯定不会让我进行这次远征。

此次征战意义重大，这是自三国时毌丘俭攻破高句丽屠王城以来的上百年里，中国军队第一次真正战胜高句丽，收复了今天辽宁一带很多南北朝时期被高句丽夺取的土地，为后来唐朝彻底征服朝鲜打下了基础。

◎文苑拾萃

襄国

襄国是河北省邢台市的别名。

早在春秋战国时期，赵孝成王就将信都（邢台）作为陪都，以法定的形式固定下来。李公绪所著的《赵记》中记载："赵孝成王造檀台，有宫，为赵别都，以朝诸侯，故曰信都。秦末赵歇据之，项羽更名曰襄国。"

这一记载也说明，历史上将信都改名为襄国的人是项羽。当时，项羽在封张耳为常山王时，仍然是用信都的名字。不久后，项羽就将信都改为襄国，这一年是公元前206年。《史记·项羽本纪》中记载有"襄国之名"，但并没记载是项羽所改。后来西晋的司马彪在其撰写的《后汉书》中，第一次提到襄国的地名是始于项羽，后来史书便逐渐沿袭这一说法了。

那么，项羽为什么要把信都改名为襄国？

据《元和郡县图志》中记载："盖以赵襄子谥名也。"我们知道，谥名是指古代最高统治者死后的名号。赵襄子的本名为赵无恤，死后才被称为赵襄子。研究者认为，由于邢台曾是赵襄子的地盘，因此后来项羽便称邢台为襄国。

到了西晋末年，羯人石勒建立后赵，都城为襄国，置襄国郡，邢地属之。隋开皇十六年，废掉襄国郡置邢州。

从公元前206年项羽将信都改为襄国，到隋朝置邢州，襄国时而为郡，时而为县，成为邢台市的历史名称，存在了800多年。因此，如今的邢台也被称为邢襄。

孙思邈解百姓疾苦

◎天必欲人之相爱相利，而不欲人之相恶相贼
也。——《墨子》

孙思邈（541年或581—约682年），唐朝京兆华原（现陕西耀县）人，是著名的医师与道士。他是中国乃至世界史上著名的医学家和药物学家，被誉为"药王"，许多华人奉之为"医神"。据《新唐书》中记载，孙思邈7岁就学，日诵千余言，精通百家学说，善于谈老子、庄周之道，擅长阴阳、推步，妙解数术，兼好释典。孙思邈从小多病，"汤药之资，罄尽家产"。周围的百姓都很贫苦，很多人因为没钱治病而死去，因此他18岁时立志学医，终身勤奋不辍。他认为"人命至重，有贵千金。一方济之，德逾于此"。18岁之后就"志于学医"，最后终有所成。相传，孙思邈曾经做过唐太宗的御医，隋文帝、唐太宗、唐高宗曾以高官厚爵与之，都被他婉拒。上元元年，他称病退隐山中，唐高宗以良马赐之。

　　孙思邈本是雍州华原（今陕西耀县）人。他从7岁开始读书，将近成年，喜谈老庄及百家之说，也喜谈佛学。

　　北周宣帝时，王室多生事故，政局不稳，孙思邈不愿出仕，遂隐居太白山，成为道士。他曾对自己的父母说："再过五十年，当有圣人出世，到那时我可以出山，为人治病或做些有益于人民的事。"

　　到了唐朝的时候，唐太宗和高宗都曾征召授官，可孙思邈仍是坚辞不受。上元年间，他又抱病请归，唐高宗赐给良马一匹，又将鄱阳公主故宅赐给他居住。

　　年轻的诗人卢照邻患有风湿病，求孙思邈治疗，并留居孙思邈住处。卢照邻深知孙思邈历史知识渊博，通古今之变、精阴阳数术之学。当时，卢照

邻所见的孙思邈已是百岁的高龄老人，可他耳不聋、眼不花，真可谓是个聪明博达、长生不老之人。

孙思邈坚信"人有可治之疾，天有可消之灾"。据传，孙思邈得昆明池龙宫仙方30首，为人治病，方方均见奇效，后来总结治病经验而著《千金方》一书，多以动物昆虫入药。相继又多以草木为药，著《千金翼方》30篇，每篇皆附龙宫仙方一首，传之于后世。

孙思邈是什么时间离开人世，不易考究。

传说安史之乱后，唐玄宗李隆基逃避西蜀。有一天他梦见一位白须老者，身着黄色上衣，前来拜见唐玄宗道："臣孙思邈，结庐峨眉山多年，今天听说皇帝銮驾幸临成都，故来谒拜。"

唐玄宗说："朕久闻先生大名，今先生不远而至，必有所求。"

孙思邈说："臣居云泉，好服食金石之药，闻此地盛产雄黄，请皇帝赐臣八十两，望速遣使送至峨眉山来。"

唐玄宗梦中应诺，悻然醒悟，唐玄宗马上派侍臣陈忠盛持雄黄，前往峨眉。

陈忠盛奉诏不敢怠慢，所持雄黄斤两不亏，急奔峨眉而来。

当他行至屏风岭时，忽见一老叟貌甚俊古，穿一身黄衫立于岭下，对前来的陈忠盛道："你是大唐天子派来的使臣吗？我就是孙思邈。"

陈忠盛应诺，急忙拜道："皇帝命我送雄黄八十两给孙先生，万望笑纳。"

那老叟躬身接过雄黄说："孙某蒙天子大恩，今有表谢。"

这时山里无翰墨纸张，陈忠盛命随从拿出笔墨。未及纸张铺好，那老叟指一石说："表已写就，刻于石上，君可抄录下来，上呈天子。"

陈忠盛等人一看那石头上，果然刻有红砂所镌百余大字，正是《谢表》，遂令人誊写完毕。

此刻工夫，一转身，那老人与石俱不见踪影。陈忠盛等人打马下山，将此事报闻玄宗。唐玄宗问所见那老叟之相貌与衣着，果与梦中相同，唐玄宗甚觉稀奇。

自此以后，孙思邈在峨眉一带云游四方，时隐时现。咸通末年，峨眉山下，一民家小儿，十余岁，不食荤血。他的父母乐善好施，将这孩子送给白水僧院为童子，服侍方丈，亦学禅诵经。

一天，有一个客人来到此地，那客人自称为孙处士，随手从袖中掏出汤末一把，令童子如煎茶一样，将汤末熬煎。

待童子熬好之后，孙处士稍饮一口，余者皆令童子饮尽。那童子颇觉汤味极其鲜美，下肚后，心胸顿觉舒朗宽畅，赞羡不已。

孙处士说："这本是专门为你送来的。"

说毕，处士出门远去，那童子乘汤之美兴，突地腾空而飞，众人闻见，无不惊异。再环视僧寺院中，那熬汤之器皿早已化为金。从这以后，常有人看见孙思邈经常云游于峨眉山一带。

◎故事感悟

孙思邈云游峨眉山的故事，毕竟只是传说。他老人家虽然长寿，也未必能活到天宝乃至咸通年间。而唐玄宗的梦幻更为虚妄。但它反映出人民的愿望：像孙思邈这样为人治病、解除人民病苦的人，应该长留人间。

◎史海撷英

《千金要方》

《千金要方》是一部综合性的临床医著。该著作积累了唐代以前的医疗诊治经验，对后代的医家产生了巨大的影响。

孙思邈认为，生命的价值贵于千金，而一个处方则能救人于危殆，因此要方的价值当胜于此。故而用《千金要方》作为书名，简称为《千金方》。

《千金要方》共30卷，是唐朝时期的孙思邈于永徽三年（约652年）撰成。

孙思邈有感于当时的方药本草巷秩浩繁，仓促之间求检不易，因此博采群经，删杂去复，并结合个人的诊疗经验撰写而成。

其中，卷1为医学总论及本草、制药等；卷2—4为妇科病；卷5为儿科病；卷

6为七窍病；卷7—10为诸风、脚气、伤寒；卷11—20系按脏腑顺序排列的一些内科杂病；卷21为消渴、淋闭等症；卷22为疗肿痈疽；卷23痔漏；卷24解毒并杂治；卷25备急诸术；卷26—27为食治并养性；卷28为平脉；卷29—30为针灸孔穴主治。总计233门，合方论5300首。

该书中所记载的医论、医方等，比较系统地总结了自《内经》以后至唐初的医学成就，是一部科学价值较高的著作。

李皋开仓济灾民

◎爱人若爱其身。——《墨子》

李皋（733—792），唐宗室，字子兰。唐太宗最幼子曹王李明的玄孙，嗣曹王。历任衡州、潮州刺史。780年，李皋担任湖南观察使。李希烈叛乱时，李皋为江西节度使，率军讨伐李希烈。之后，历任江陵府尹、荆南节度使。修复堤坝，开辟五千顷良田，建造由脚踏木轮推进的战舰。

在我国古代，皇帝贵为天子，拥有至高无上的权力，就连他说的话都是"金口玉言"、不可违抗，如同法律一般。

在这样的社会中，尽管谈不上拥有法治，但一些相关的规定还是非常严格，这样的规定不能触犯，更不能违反。

当时，官员遇到重大事件，没有及时报请上司或是没有得到上司的批准便自作主张擅自处理，往往会落得个"专擅"的罪名。要是恰巧遇到需要皇帝批准才能办理的事，那就更加麻烦了。这种情况需要等待皇帝下达"圣旨"，才能依旨行事。如果先行处理，往往会惹来杀身之祸。

唐肃宗时期，有这样一个为救民于水火，不怕杀头，擅赈灾粮的好官，他就是当时深受百姓爱戴的父母官李皋。

李皋，字子兰，是唐朝皇室的后裔。他的祖父是死在武则天的手中，家里的壮年人统统被诛杀，小孩子也都被卖为奴。唐中宗以后，李皋家的爵位才得以恢复。

安史之乱以来，温州屡遭战乱，百姓家中均无隔夜之粮，生活苦不堪言。

李皋正是在这个时候来到了温州任上，任温州长史。因为他措施得力，将温州境内管理得井井有条，没有多久就监管全州的政事。

李皋上任之初，温州境内出现少见的旱灾，情况十分严重，导致李皋所辖境内颗粒无收，一时间粮价暴涨，一斗米要卖数千钱。

饥民们纷纷奔走求粮而终无结果，眼看着有不少人饿死街头。但百姓们却不知道温州官府的粮仓里存有数十万石粮食。但是，李皋还在赴任的路上，谁敢那么大胆，轻易开仓放粮呢？

常言说得好，"多一事不如少一事"，怎样救济灾民是李皋的事情。在李皋没有到任之前，谁都不能轻易插手此事。更何况没有朝廷的旨意就开仓放粮，是要掉脑袋的，谁都承担不起这样的罪名。

李皋还未到任，便遇到这样棘手的事情，心急如焚。眼看着饥民饿死路旁，他顾不得多想，日夜兼程赶到州府衙门。

李皋带着满身的疲惫，顾不得换下满是尘土的衣服，便直奔粮仓，砸开门锁，开仓放粮。他告诉手下人把仓门拓宽，开仓把粮食贷给饥饿的百姓。

听了李皋的话，手下的官员不由得惊出一身冷汗。他们深知此事非同小可，恐怕要惹来杀身之祸，于是纷纷劝李皋先奏报朝廷，再开仓发赈济粮。皇帝的旨意一下，开仓放粮就是顺理成章的事情了。但没有旨意，私自放粮就是死罪。

李皋看着跪在自己面前的官员，又回想起沿途饿死的百姓，含泪说道："看看这境内的百姓吧，再不开仓放粮，就会有更多的人饿死，诸位于心何忍？人命关天的大事，如何等得？"

李皋愤然脱去身上的官服，接着说道："倘若杀了我李皋一人，能救活成千上万的百姓，李皋宁愿一死，以谢百姓！"

官员们都被李皋的话语所感动，和李皋一起开仓放粮。

事情处理妥当后，李皋马上上报朝廷请求处罚。得知此事的唐肃宗并没有治李皋的罪，反而嘉奖了他。由于李皋的措施得力，及时赈济饥民，挽救了数十万人的生命。

这样的事在李皋的身上有很多，救民安民是李皋为官之根本。

　　唐贞元初年，李皋任江陵尹时，汉水古堤因为年久失修，紧靠古堤的两大片土地经常遭灾，导致田地荒芜，无人垦种。

　　得知此事的李皋组织百姓修堵古堤，重新得到了良田五千顷。为了使这片良田有人耕种，他允许流民自占田地，又在江南废州上盖起房舍，使得2000余家百姓安居在此。

◎故事感悟

　　李皋虽身为皇族，但却深知百姓的疾苦，这可能与他的生活经历有着直接的关系。李皋体察民情，救民于水火，不怕丢官、不怕杀头的精神为后人所传颂。

◎史海撷英

车船的发明与发展

　　我国早在南北朝（420—589年）时期，就已经有了车船的记载。到了唐朝时期，发明家李皋对车船的发展起到了承前启后的作用。他所制造的车船，是用人力踏动的，并且能够快速前进。

　　到了宋朝时期，车船的发展盛极一时。绍兴二年（1132年），王彦恢制造了战舰，旁设四轮，每轮为八楫（桨片）。

　　另外，木匠高宣也是当时一位制造车船的名匠，曾创制了十余种大大小小的车船，包括有2车、4车、5车、8车、9车以及23、24车等多种。在这一时期，最大的车船长达36丈，宽达4丈1尺。

　　明朝初年，陈友谅也曾用车船在鄱阳湖中进行水战。到了明朝中叶后期，卢崇俊又制作了多种形式的车船，称为"静江龙船"。

　　20世纪初，南方地区还有少量的车船存在或使用。车船虽然没有在各种水系中普遍使用，但是它历史悠久，对中国船舶的发展起到过巨大的作用。

◎文苑拾萃

《旧唐书·李皋传》

李皋，字子兰，曹王明玄孙。少补左司御率府兵曹参军。天宝十一载嗣封，授都水使者，三迁至秘书少监，皆同正。多智数，善因事以自便。奉太妃郑氏以孝闻。

上元初，京师旱，米斗直数千，死者甚多。皋度俸不足养，丞请外官，不允，乃故抵微法，贬温州长史。无几，摄行州事。岁俭，州有官粟数十万斛，皋欲行赈救，掾史叩头乞候上旨，皋曰："夫人日不再食，当死，安暇禀命！若杀我一身，活数千人命，利莫大焉。"

于是开仓尽散之，以擅贷之罪，飞章自劾。天子闻而嘉之，答以优诏，就加少府监。皋行县，见一媪垂白而泣，哀而问之，对曰："李氏之妇，有二子：钧、锷。宦游二十年不归，贫无以自给。"

时钧为殿中侍御史，锷为京兆府法曹，俱以文艺登科，名重于时。皋曰："'入则孝，出则悌，行有余力，然后可以学文。'若二子者，岂可备于列位！"由是举奏，并除名勿齿。改处州别驾，行州事，以良政闻。征至京，未召见，因上书言理道，拜衡州刺史。坐小法，贬潮州刺史。时杨炎谪官道州，知皋事直，乃为相，复拜衡州。

李充嗣慎理饥民

◎兼相爱，交相利。——《墨子》

李充嗣（1465—1528），字士修，号梧山，祖籍四川内江。李充嗣为给事中李蕃之孙。父李吉安，官澧州华府教授，定居九溪卫（今临澧境内）。明成化二十三年（1487年）考中进士，选为翰林院庶吉士。弘治初年，授户部主事。历官户部、刑部主事，因事贬为岳州通判，后起用为陕西佥事、云南按察使等。正德十六年（1521年）主持疏浚白茆河，新开江口至双庙段3556丈。官工部尚书。李充嗣在嘉靖二年癸未（1523年），推荐文征明入朝，授其翰林院待诏。

　　当李充嗣来到河南任上的时候，由于河南又遇灾荒，上万灾民从四面八方汇集而来。

　　面对众多的灾民，开封府官员准备把他们驱赶回去，让他们到本县去接受救济。而李充嗣认为这样做不妥，他说："这些饥民已经饿到支撑不起来的程度，怎么能让他们爬回本县呢？过去有人说过，设粥来赈济饥民不是好办法，硬把他们驱赶走、让他们饿死于路上，我实在不忍心，也不能这样做。"

　　李充嗣的话很有道理，而且充满了人情味。但是，开封府的一些官员听了李充嗣的话却直撇嘴，认为他不过是卖弄，还有些人巴望着看他的笑话！

　　救灾如救火，饥饿的灾民吃不上饭，随时都有饿死的危险。救济饥民，刻不容缓。李充嗣想到这里，立刻召集官员，很快作出了具体安排。

　　他命令在四个城门附近即刻设置几十口大锅，并挑选勤快能干的吏员负责，每天熬粥供给这些饥民吃。

　　就这个办法？在一边瞧热闹的官员背地里嘀咕，以为李充嗣也不过是"耗

子尾巴上长疮——能水不大"。

风凉话刮到李充嗣的耳朵里，他只是淡淡一笑，因为他很清楚，像这样的话不听也罢。

十天过去了，一些喝了粥的年轻人的体力逐渐得到了恢复，李充嗣心里有底了，以为应该实施他的第二步措施了。

李充嗣在舍粥官员中挑选表现好的，负责给先返乡的青壮年发放粮食。李充嗣知道，这时给老百姓发粮食，比发放金子还要重要，因此，必须选择最忠实可靠的人去做，才能确保万无一失，使真正的灾民得到足够返乡的粮食，以免在路上饿死。

给返乡的灾民发放口粮的工作紧张有序地进行，说风凉话的官员又传出了新的说法，舍粥自然是善事，可是，舍到何年何月是个头呢？得到粮食的灾民是被打发回家了，可是，那些老弱病残的饥民却一时不肯离去。那风凉话的源头，就在这里。

不过，李充嗣对于这些闲言碎语并不觉得异样，因为他懂得，工作只有做彻底，才能使那些讲怪话的人彻底闭嘴。

李充嗣告诫负责舍粥的官员，切不可懈怠，要继续做好舍粥工作。又过了一个多月，那些老弱病残的灾民也能自如走动了，李充嗣才把他们遣送回家。由于李充嗣采取了得力的救济措施，使得数以万计的饥民获得了新生。

◎故事感悟

在突发事件到来的时候，李充嗣镇定自若，顶住来自各方面的压力，从实际出发，从穷苦老百姓的利益出发，采取切实可行的措施，使救济饥民的工作得以顺利进行。李充嗣的做法，对于今天的人们，仍有一定的启发。

◎史海撷英

李充嗣平叛

正德十二年（1517年），李充嗣巡抚南京诸府。正德十四年（1519年）六月十四日，宁王朱宸濠叛乱，杀巡抚都御史孙遂、按察司副使许逵，并先后攻陷了南康、九江，并包围了安庆。

李充嗣与时任南京兵部尚书的乔宇商定：由乔宇固守南京城，李充嗣亲自率一万精兵向西屯驻采石，密派使臣到安庆城，命令都指挥使杨锐坚守城池。

同时，李充嗣在内部传达上级指示，声称京师边兵十万很快就到达安庆，要赶快准备军饷，以此诈敌。朱宸濠听说这些，果然中计，不敢强攻，叛乱逐步被平息。

平息朱宸濠叛乱后，兵部和巡按御史胡洁为李充嗣请功，李充嗣晋升为户部右侍郎，并得到颁诏嘉奖。不久，又升工部尚书兼领水利事，担负了疏通浚苏、松河渠的工作。期间，李充嗣领导了开白茅港疏吴淞江的工程，工程六个月竣工。

嘉靖元年，世宗再论平乱功劳，又给李充嗣加封太子少保。李充嗣上疏陈言"内府征收，监以科道官，毋纵内臣科索"等八个事项，均被世宗采纳。不久，改任南京兵部尚书。

李充嗣生前著有《梧山集》。

◎文苑拾萃

赈 灾

（清）齐彦槐

嘉庆十有九年，江南大旱，地势视无锡为高，被灾尤剧。邑侯齐彦槐尝以事赴乡，窃见赤地数千里，民间无米炊，爨无薪，汲无水，恻然忧之。夫官发常平仓谷。平粜于民，便矣。

然远在数千里之外者，不能为升斗之米来也。故官平粜，但能惠近民，不能惠远民。殷富之家，以其余米平粜于其乡，远近咸便矣。然无升斗之资者，不能粜也。故民平粜，但能惠次贫，不能惠极贫。以此，定图赈之法。至今岁三月，计捐钱十有二万四千余缗矣。而殷富之家，好行其德，复于其间为粥以赈，城乡设厂十余处，计所捐又不下万数千缗，饥民赖以全活者无算。

呜呼，孰谓人心之淳，风俗之厚，今不若古哉！

韩乐吾"望烟送粮"

◎有力者疾以助人，有财者勉以分人，有道者劝以教
人。——《墨子》

韩乐吾（生卒年不详），名贞，号乐吾。明朝嘉靖兴化韩家窑（戴窑镇西北）人。被誉为"东海贤人"，在他的家乡，还流传着不少关于他乐善好施的故事。

有一年，韩乐吾的家乡发生了大饥荒，很多人都没有饭吃。韩乐吾家里也只剩下两升米，顶多再维持两天就要断粮了。这时，韩乐吾听说他的一个朋友已经断粮三天了，就准备把自家的米分给朋友一半。妻子问他："你分一半给他，咱家明天怎么办？"

韩乐吾说："咱家明天没粮了，咱们就明天死。现在他已经断粮三天了，说不定今天就要饿死了。"

最后，韩乐吾还是把粮食分了一半给朋友。

韩乐吾潜心办塾馆，坚持"有教无类"的教学原则，并免除所有穷人家孩子的学费，学生越来越多，以至两间屋的塾馆都挤不下。

后来，他的妻子杨妹将织蒲席积攒下来的钱全拿出来，又向她哥哥借了一些，在自家东面的空地上又建了三间塾馆。

1554年春天，韩乐吾的家乡遭受了虫灾，庄稼颗粒无收。韩乐吾看着乡亲们没饭吃，他只好将塾馆卖掉换粮救济乡亲。

韩乐吾将卖塾馆换来的几十担粮食全部分给贫困乡亲，而自己家中却一粒粮食也没留下。

"你家没粮了怎么办？"有人提出质疑，看到此种情形，最后几个分到粮的乡亲再不忍心要粮。

"没关系，我回娘家借点！"韩乐吾的妻子杨妹说。

后来，韩乐吾夫妇俩将堂屋和卧室腾出来，并在门前搭了个防雨棚做塾馆。一家人夜里睡到学生桌子上，早上早早起来撤铺。

幸好，当年秋天收成不错，乡亲们收好稻后争相偿还韩乐吾。韩乐吾却不肯收，表明想重建塾馆，只要大家帮帮工就行了。

乡亲们听后，商量了个主意，趁着深夜，把砌塾馆的建材悄悄买好运到塾馆旧址上。第二天，方圆几里的木匠、瓦匠等拿着锯子、瓦刀自发赶来做起了义工。三天时间，新塾馆就建成了。

有一天，韩乐吾从外地讲学回家，途中被剪径的打劫。他不但把讲学的薪水全给了他们，还脱下一身外衣。

这时，韩乐吾对他们说："我不能再脱了，否则我连遮身物也没有了。其实，我也知道你们是穷得没办法才这样做的。"

说罢，韩乐吾径自往家走。过了一会儿，韩乐吾听到身后有脚步声，以为剪径的不知足，又来要他的内衣。

而令韩乐吾没想到的是，那三个剪径的汉子慌慌张张来到他的面前，纷纷跪倒，嘴里连连说："我们有眼不识泰山，冒犯了大名鼎鼎的韩乐吾先生！实在对不起您！东西全还给您！我们怕您再遇强盗，所以特地送您回家。"

当晚，三个剪径的汉子把韩乐吾一直送到了家门口，然后转身就走。

韩乐吾连忙拦住他们说："银子你们全拿去，衣服我收下，到我家吃点东西再走。钱财如粪土，仁义值千金。"

当晚，韩乐吾特地将妻子叫起来为他们弄夜宵。

韩乐吾了解到这三个剪径的汉子本来都是好人，因交不起官税地租，被逼无奈，才走了这条路。他什么都没说，叫妻子凑了点铜钱给他们，劝他们三人合伙做生意，或帮人家做工，千万不要再做这种事。

临别时，韩乐吾特地写了一幅字送给三人："见善行善，如春园之草，自有芬芳之日；见恶行恶，如磨刀之石，必有灭身之时。"

据传，在数九寒天、大雪纷飞的日子里，韩乐吾时常担心一些穷苦的人因断炊被饿死。但他既要忙于教学，又要顾及一家人的生活，没有多余的工夫去了解每一家的生活情况。后来，他终于想出了"望烟送粮"的办法。

每当煮饭的时候，韩乐吾就爬到自家的废窑顶放眼四望，发现谁家烟囱里不冒烟，烟囱旁边积雪未化，他就判断这户人家缺草缺粮。然后，他就从家里背上一捆草，带上一瓢米，给这户人家送去。

韩乐吾"望烟送粮"的办法，帮助了不少贫困家庭，也救了不少将被饿死的人。韩乐吾给孤儿余坯家送过好几年粮草。余坯的爷爷死后，韩乐吾又将余坯带到自家读书，并帮他成家立业。后来，余家把韩乐吾当做第一始祖供奉。

◎故事感悟

这个故事正应了那句话：一个人做点好事并不难，难得的是一辈子做好事。韩乐吾帮助了众多的人，特别是"望烟送粮"的乐善好施精神，至今仍在人民群众中广为传颂，并将永久流传下去。

◎史海撷英

明朝的厂卫机构

明朝主要的特务机构有锦衣卫、东厂和西厂，武宗时期还曾设立了内厂。

锦衣卫设立于洪武十五年（1382年），也是明朝最早设立的特务机构。锦衣卫的主要职责是侦查国内外的各种情报，并直接对皇上汇报，有可以逮捕任何人并对其进行秘密审讯的权力。明朝中叶后期，锦衣卫与东、西厂并列，活动范围也有所加强，因而常常被称为"厂卫"。

东厂也就是东缉事厂，成立于永乐十八年（1420年），是明成祖朱棣为了镇压政治上的反对力量而成立的，地点在京师东安门北，由皇帝的亲信宦官担任首领。

东厂设立之后，锦衣卫的权力开始有所削弱。

据记载，东厂是世界上最早的国家特务情报机关，它的分支机构甚至远至朝鲜半岛。东厂的主要职责就是监视政府官员、社会名流以及学者等各种政治力量，并有权将监视结果直接汇报给皇帝。

根据监视得到的情报，东厂有权对地位较低的政治反对派直接逮捕、审讯；而对于担任政府高级官员或有皇室贵族身份的反对派，东厂在得到皇帝的授权后，也可以对其执行逮捕、审讯。

西厂即西缉事厂，由明宪宗设立于成化十三年（1477），与东厂及锦衣卫合称厂卫，首领是太监汪直，其权力超过东厂，活动范围自京师遍及各地。

后来由于遭到反对，西厂于1482年被迫撤销。但正德元年（1506）又被武宗短暂恢复。

内厂设立于武宗时期，首领为宦官刘谨。刘谨因罪被诛后，内厂与西厂同时被废，仅保留东厂。

许季觉倡议救饥民

◎利人者乎，即为；不利人乎，即止。——《墨子》

许季觉（生卒年不详），浙江海宁人。许季觉少年时比较淘气，长大一些才转变为刻苦学习。许季觉对双亲非常尽孝。他有个好友姓查，营葬时侵占了许家墓地，许季觉说："我不能因为是朋友而出卖父母。"始终不让步。后来许季觉被姓查的人多次陷害，最后在狱中自尽。

清朝顺治年间，浙江海宁县连年遭灾，饥民流离失所，没有人给予救济。海宁县平民许季觉对此深感忧虑，认为灾荒这么严重，官府应该救济灾民。

于是，许季觉给官府写信，用非常激烈的言辞恳求官府迅速采取措施。

但是，他的信如同石沉大海，杳无回音。怎么回事？县衙门也不大，只要衙门正门开着，站在当街上，一眼就能看到里头，对于救济灾民这么大的事情，怎么会没有任何反应呢？许季觉在心里嘀咕，没有想出答案。

许季觉打定了主意，要找县官当面理论。

那是一个阴云密布的下午，雷声隆隆，眼看就要下雨了，许季觉怕手中的信被雨水打湿，便把它揣在怀中，放在自己的心口上。他一路往县衙走来，见衙门的正门开着，但里边却没有任何动静，给人死气沉沉的感觉。

见到这样的情形，许季觉心里想，就这样不肯主动为老百姓做主的衙门，早该寿终正寝了。他心里这样想，却赶紧把自己的嘴堵住，他知道自己心直口快，见了不平的事情，就要说。如今不是泄愤而后快的时候，有多少快饿死的饥民等着救济呢。

想到这里，许季觉加快了脚步，直奔衙门而来。他走进门来，有人从门房里跑出来，把他叫住了，问他干什么。他见那人贼眉鼠眼，却是衙门看门的。许季觉对他说，我是本县平民，叫许季觉，是来送信的。

看门人听说他就是许季觉，脸上掠过一丝奸笑，对他说："你的信我们老爷已经收到了。我们老爷说了，他公事繁忙，还请多多见谅。"

听看门人这么说，许季觉火气顿时涌上心头。他问看门人："你们老爷的公事，不就是刮地皮、勒索百姓，过养尊处优的生活吗？"

"你怎么说话呢？我们老爷真的没看错你，实话告诉你，我们老爷说了，他就是不爱听你说话，还写什么为民请命的信。老爷不为民做主，要老爷干什么？还用得着你来操心？我们老爷说了，他根本就不管救济的事儿。你赶快给我出去。"说着，就把许季觉推了出来，反手就把大门插上了。

这时，炸雷与闪电一起向大地袭来，大雨瓢泼似的下了起来。许季觉心想，像这样的衙门，老天爷怎么不摧毁它？

连县衙的门都进不去，还能指望官府给老百姓救济吗？这时，许季觉猛然顿悟，这件事情只有靠自己想办法解决了。

一夜没合眼的许季觉终于打好了主意，从现在开始，他要做真正的"公事"了，他要当事实上的"县官"了。

许季觉的"公事"，是从调查摸底入手的。海宁县究竟有多少大姓人家，他们究竟有多少积蓄，他把这些情况一一调查清楚。然后，他按每一个大户的积蓄规定应出多少救济粮。他把这些情况写成一张大榜，上边开列大户姓名以及应捐粮的数量，把它贴在县城里的大街上。

老百姓看了这张榜都很赞成，迫使榜上开列的大户按照要求捐出自己的存粮，这样共得到数万石救济粮。然后，他又对本县饥民情况进行了调查。把哪一村遭了灾，灾民户主的年龄、容貌，该户人口数等情况都进行了登记。

接着，许季觉通知灾民，按规定日期去本县城隍庙领取救济粮。领粮时，他根据预先调查的情况按顺序发放，每户灾民都得到了自己应得的救济。

受过救济的农民都非常感激许季觉，一旦许季觉从他们那里经过，农民们必定扶老携幼排列道旁，手里拿着长香向他拜谢。

当地人都说："许公救了我们的命啊！"

每听到老百姓对自己的赞颂，许季觉总是觉得天是晴朗的，哪怕正是霹雳闪电的时候，他的心里依旧十分坦然。

◎故事感悟

许季觉有勇有谋，用自己的聪明才智帮助了众多饥寒交迫的农民百姓。许季觉见义勇为的行为和勇于济危扶困的品质是我们所敬佩的榜样！

◎史海撷英

海宁历史沿革

浙江省海宁县是良渚文化的发源地之一。考古发现，在距今6000—7000年间，在海宁土地上便已经有先民生息了。

到了春秋战国时期，海宁成为越国、吴国以及楚国的武原乡、隽李乡、御儿乡等地的属地。

东汉建安八年（203年），陆逊在此任海昌屯田都尉并领县事。三国时期，吴黄武二年（223年），在海盐、由拳两地设置盐官县，属吴郡，隶扬州，成为海宁建县的开始。

唐武德七年（624年），海宁并入钱塘县。贞观四年（630年），又复置盐官县。

元元贞元年（1295年），升盐官州，天历二年（1329年）改名为海宁州。

明洪武二年（1369年），海宁州降为海宁县，属杭州府。

清乾隆三十八年（1773年），海宁县又复升为州，直到民国元年（1912年）才又改州为县，直属浙江省。

1949年5月解放后，建立海宁县，隶属嘉兴专区。

1958年10月，海盐县并入海宁县，1961年12月复建海宁县。

1986年11月，海宁县被撤除，设为海宁市，隶属嘉兴市。

◎文苑拾萃

海宁硖石灯彩

　　海宁硖石灯彩是历史悠久而著名的工艺美术品，始于唐而盛于宋，经历了千百年的锤炼，形成了以手工艺、书画为一体的地方民间文化特色，具有很高的工艺价值和美学价值，早在宋代已被列为皇宫贡品。

　　海宁硖石灯彩以针刺纹精巧细美见长，集诗词、书法、绘画、篆刻、金石、刺绣等艺术种类之大成。灯彩内容有：亭台楼阁、飞禽走兽、龙灯彩舟、玲珑古塔、走马花篮等；工艺手法有：针、拗、结、扎、刻、画、糊、裱八大技法。

　　除了有与一般制作灯彩相同的扎骨架、裱糊、绘画、写字、装配等工序外，还要在四层宣纸裱成的纸上，以极其细致的针刺和刀刻功法，用刻刀把书画图案的轮廓刻出后，再在反面裱上一层宣纸，在四层刻空处的宣纸上做工笔重彩画，再把画内除主题外的背景用各种针法表现出来（如勾针、散针、破花针、排针等），针针刺透，虚实有章，用透光的多少来表现画作的笔墨浓淡，多的需要刺百万甚至千万多个孔。针刺后的灯彩在灯烛的辉映下，透明发光，五光十色。

　　有诗人用"万窗花眼密"形容针刺画面。曾有诗写道：

弱骨千丝结，轻球万锦装；
采云笼月魄，宝气绕星芒。
檀点红娇小，梅妆粉细香；
等闲三夕看，消费一年忙。

吴璟向饥民施粥

◎泉涸，鱼相与处于陆，相呴以湿，相濡以沫。——《庄子》

吴璟（1662—？），字元朗，号西斋，江苏太仓州人，吴伟业之子。吴璟生于清圣祖康熙元年，卒年不详。吴璟官至兵科给事中，因事落职。吴璟旋入直武英殿，充书画谱纂修官。吴璟幼擅才华，工诗，近体清稳，时称雅音。其家人仆人，咸通音律。吴璟著有《西斋集》及左司笔札20卷，《清史列传》并行于世。

清康熙四十一年（1702年）、四十二年（1703年），山东境内发生了罕见的饥荒。一时间谷价飞涨，每天都有饿死的百姓，许多人流离失所、无家可归。

在这种情况之下，手头有粮的商人和财主恶意抬高粮价牟取暴利，更有甚者把粮食存放在仓库里，任由百姓饿死街头，视而不见。

山东省沾化县有一个人，在当地虽然算不上富户，但他有一颗同情心，对于眼前的一切，他十分心痛。他不忍心听到流浪孩子的哭泣，更不忍心看到有更多的人饿死街头，这个人就是吴璟。

吴璟为了救济灾民，想了很多方法。他采取向饥民低价售粮的方式，帮助饥饿的百姓渡过难关。尽管手里的粮食不多，但的确可以解决一些实际问题，很多饥民得益于吴璟的举措活了下来。

吴璟根据家里的实际情况，把家里的粮食留下一些，只要家里人饿不着就行，其他粮食全部用来熬粥，紧急救助那些一无所有的饥民。吴璟在家门前支起了大锅，嘱咐家人对人要和善，无论是谁来喝粥都要善待。

一时间，吴璟家门前人山人海，都是前来喝粥的人。面对着这样的情形，吴璟心里很是高兴，因为至少有粥喝，人就不会饿死。

吴璟的举动引起了一些富商们的强烈不满。他们认为是吴璟坏了自己的好事，明明就要到手的钱，一下子没了，有些气不过。但这些富商们心里也很清楚，本来就不是什么光彩的事情，到吴璟府上讲理那是根本讲不出什么的。因此只有弄些阴招，修理一下这个不识时务的吴璟。

有一天，吴璟和往常一样，吩咐家人照常熬粥分给饥民。正当一切准备就绪，开始熬粥的时候，饥民队伍中出现了几个人，他们身着破烂的衣服，但却有说有笑，根本就不像是吃不上饭的人。

看到此种情形，吴璟心想："这些人也都不容易，现在四处都受灾，能有粥喝也是件值得高兴的事情。"

吴璟虽心中这样想，但一旁的吴夫人却觉得这几个人有些可疑，便叫来了管家，让他盯紧这几个人。

没过多久，这几个人就在饥民的队伍中折腾了起来。其中有人喊："都要饿死了，为什么不给我们粥喝，吴璟你的良心让狗吃了？"

吴夫人知道来者不善，这里肯定有蹊跷，便走到喊话的人跟前，把闹事的那几个人拽到一旁，对众人说："我们吴家舍粥是为大家解一时之急，粥是肯定吃不饱的，但不会饿死。说到良心，我们总要比那些囤积粮食、抬高粮价的人要强得多。"

吴夫人的一席话，说得闹事者哑口无言。

吴夫人没有揭穿这些人的真实身份，是为了给那些人的主子留个台阶，一场不大不小的风波就被吴夫人的一番话化解了。

吴璟心中大喜，不由得说道："家有贤妻，家有贤妻啊！"

◎故事感悟

　　言传身教，往往是父母对子女、老师对学生比较适用，但作为夫妻也是如此。两个人在一起时间久了，自然会产生一种默契，所谓"近朱者赤，近墨者黑"就是这个道理。吴璟的义举，没有家人的理解与支持是根本办不到的。

◎史海撷英

"湖广填四川"

　　在明末清初的数十年间，四川地区因战乱、瘟疫等灾难爆发，致使境内人口锐减、土地荒芜。

　　在这一历史条件下，清王朝采取了"移民垦荒"的举措，全国包括湖南、湖北、广东在内的十余个省的移民，都相继搬迁到四川等地定居，其中最多的是湖北省和湖南省的居民。

　　据统计，这次迁徙的持续时间长达100多年，入川人数达到100多万人，其中湖北、湖南省的人数就高达一半之多。而在湖北省的移民当中，又以麻城移民占据重要地位。

◎文苑拾萃

八旗方位

　　清王朝建立以后，设立了八旗军。据说，八旗军是依靠"五行相克"的说法制订的。在《八旗通志》中，有这样一段记载：

　　"两黄旗位正北，取土胜水。两白旗位正东，取金胜木。两红旗位正西，取火胜金。两蓝旗位正南，取水胜火，水色本黑，而旗以指麾六师，或夜行黑色难辨，故以蓝代之。"

　　根据阴阳五行相克的学说：东方属木，颜色为青，木能克土；南方属火，颜色为赤，火能生土克金；西方属金，颜色为白，金能生水克木；北方属水，颜色为黑，水能生木克火；中央属土，颜色为黄，土能生金克水。

因此，从五行所属的颜色及五行相克的角度来说，八旗所处的方位正好与五行相克的方位是相同的，即两黄旗属土，土能克水，故而位于北方；两红旗属火，火能克金，故而位于西方；两白旗属金，金能克木，故而位于东方；两蓝旗属水，水能克火，故而位于南方。

赈灾安民的楷模

◎无不爱也，无不敬也，无与人争也，恢然如天地之苞万物。——《荀子》

张吉安（1759—1829），字迪民，号蒔塘，晚号石塘居士，吴县（今江苏苏州）人。张吉安是乾隆四十二年（1777年）举人，官浙江象山知县，著有《大涤山房诗录》。

地方官遇到灾荒之年，往往有两种态度：一种是积极救助灾民，主要以安抚为主；一种是回避，能躲多远就躲多远，为的是能够保住头上的那顶乌纱帽。

清朝的乾、嘉年间，当时"吏治积弊，有南漕北赈之说"。当时南方是供应漕粮的基地，而北方急需粮食赈济灾民。

由于"南利在漕"，所以很多的南省官员都会找出很多理由或借口加以搪塞，有灾不救，置灾民于水火之中。但有一位知县却是例外，他就是力除民瘼的张吉安。

张吉安，江苏吴县人。乾隆六十年（1795年）在浙江任知县。张吉安上任以后，十分关心百姓疾苦，尤其注重民心向背。

嘉庆四年（1799年），张吉安被任命为新城知县。新城是漕粮重要的输出地，但因为远离河道，新城离官仓的所在地省城又很远，导致百姓需要按时纳赋时很困难，张吉安便采取集中收粮的办法，彻底解决了百姓不能及时纳赋的问题。为此，百姓无不拍手叫好。

　　张吉安处处为百姓着想，深得上司的赏识。嘉庆五年，张吉安被派到了永康当知县。这一年夏天，永康遭受了特大水灾，百姓的生活陷入了极度困苦之中。

　　按照惯例，凡是遇到大灾之年，各级官员必须逐级请示，上报解决救助灾民的办法，经过逐级的审核后才能最后实施。这样一来，往往请示与批复的时间过长，就会出现有灾不敢救、能救也不救的局面来。

　　面对如此严重的水灾，看着数以万计的灾民无家可归，张吉安心急如焚，他顾不得向上司请示处理办法，立即赶到灾区现场指挥救灾。他组织人力为灾民搭起了帐篷，算是临时的住处，使得很多灾民暂时有了栖身之所。

　　张吉安还采取了一些行之有效的措施，稳定当地灾民的情绪。他发动人员组织救助被大水围困的百姓，可以先用船给这些人送去可以食用的东西，暂时解决他们的温饱问题；对那些溺水身亡的人，妥善处理他们的后事，让活着的人心里稍有安慰。

　　张吉安向巡道请示，希望能再拨钱粮赈济灾民，以解决灾民的实际问题。恰好，巡道正有一肚子的火没处撒呢，张吉安成了他最好的发泄工具。因为张吉安没有按时向巡道报告灾区情况，弄得巡道很被动，被上司狠批了一顿。

　　这个时候，就算张吉安说再多的好话，也不会起作用，更何况还是伸手要钱的事情。巡道以"偏灾向不查办"为言，拒绝再拨钱粮。张吉安实在没有了办法，找到了巡抚大人阮元，向他陈述了灾民的生活状况。

　　张吉安的话入情入理，终于说动了巡抚阮元。张吉安的请求终于获得了批准，拨下的赈灾粮及房屋修补费很快分发到灾民手中，灾民们无不感激地落下泪来。

　　一晃两年过去了，水灾对生活的影响刚刚有所好转，又出现了大旱，灾情最为严重的要数丽水县。巡抚阮元知道张吉安体恤百姓，真正为百姓着想，所以把他调到丽水县，彻底解决百姓在大灾之年的实际问题。

　　张吉安不负重托，马不停蹄地赶往灾区，全身心地投入到抗旱工作中。丽水县境内山多、地形险要，张吉安看到许多山民到县衙打官司，既费时又耽误农活儿，于是住到山中的寺院里处理诉讼案件。经过几个月的努力，丽水县的问题解决了。

张吉安在浙江十多年，所到之处多为灾区，但他能心系百姓，把解决百姓的疾苦放在第一位，使得百姓安然度过大灾之年。

张吉安去世之后，有许多百姓不惧路途遥远，前来吊唁，为的是能送送这位救百姓于危难的好官。永康县的百姓为他修建祠堂，以示纪念。随后，余姚、新城、丽水等地也建祠纪念他。

◎故事感悟

张吉安与那些在灾荒之年知情不报，或是侵吞赈济钱粮的贪官相比，的确是一个难得的好官。

◎史海撷英

圈地令

清朝入都北京后，为解决八旗官兵的生计，开始强占北京附近的土地，于是下圈地令。顺治元年十二月，清廷规定，京城附近各州县汉人的无主荒地全部被圈占，分给由关外东来诸王兵丁等。

顺治四年（1647年）、八年（1651年），清政府又两次颁布圈地令。根据这些圈地令，满族旗人携绳骑马，大规模地圈占汉人土地，使很多农民正常使用的田地也被野蛮强占，搞得农民们流离失所。同时，又强迫汉族农民"投充"（即依附于满族贵族），补充其壮丁队伍。有些汉人地主为求得政治上的庇护，还带地投充。

圈占土地后，八旗贵族及官员、兵丁，按照地位高低及所属壮丁多少分得数量不等的土地，大部分土地落入贵族和官员手里。

圈地的范围主要在近京三五百里内的顺天、保定、承德、永平、河间等府

（今北京，河北北、中、东部及辽宁西南部地区）进行，圈占总数达16万多顷。驻防外地的八旗兵在山东、山西、陕西、江苏、宁夏等地也进行过圈地，但规模较小。

圈地给汉族人民带来极大灾难，所圈之地，原田主被逐出家门，背井离乡。

顺治年间，虽然大规模的圈地已停止，但零碎的圈地、换地、带地投充等仍不断发生。康熙二十四年（1685年）四月，清政府才作出永远不许再圈的决定，圈地活动至此最后停止。

清初大规模的圈地，导致京城附近的土地都成为八旗人圈占的土地，普通百姓没有自己的长久田地，都只能靠租种旗人的土地为生。

农民失去土地后，流离失所，生活十分悲惨，以致"流民南窜，有父母夫妻同缢死者；有先投儿女于河而后自投者；有得钱数百，卖其子者；有刮树皮掘草根而食者；至于僵仆路旁，为乌鸢豺狼食者，又不知其几何矣"。

◎文苑拾萃

更名田

更名田也被称为更名地，原是明朝册封给藩王的土地，散布于直隶（今河北）、山东、山西、河南、湖北、湖南、陕西、甘肃等省，总数约近20万顷。

清朝初年，原明朝藩王土地或因战乱荒芜，或因藩王逃离后田地为农民所占有，或有一些土地被当地豪强侵占。在京城附近地区，还有被八旗圈占为旗地的。清统治者从顺治元年（1644年）起，曾几次下诏，将这些土地收归国家所有。

康熙七年（1668年），清廷为了加速垦荒，下诏将"废藩田房悉行变价，照民地证粮，其废藩名永远革除"，第二年，又将土地无偿给予原种者让其耕种，照常证粮。

这些"改入民名"的田土，因承种者"止更姓名，无庸过割"，因此被称为"更名地"。虽然诏谕中宣布更名田无偿给予原种之人，但实际情况并不完全如此。

康熙四十一年（1702年），户部核准："山东荒废明藩地基，民人情愿纳价者，每亩纳银五钱，给以印帖，守为恒业。"湖南藩产也有"屡请变价"的情况。

乾隆《长沙府志》里记载："原明废藩田圹，奉文召民纳价，更名民田，照

民赋起科。"说明有些百姓得到的更名田，是向国家交钱买来的。

清朝政府通过"更名田"的办法，把一部分藩产交给原耕佃农承种，使这些人成为了拥有合法土地所有权、只缴纳国家赋税的自耕农民。

但是，由于实行更名田之前，许多地主豪强已侵占了不少藩产，后来又借"认垦荒田"的名义广为搜得，所以，更名田的好处实际上多被地主豪强所获。

张沐捐资赈灾民

◎仁者，谓其中心欣然爱人也。其喜人之有福而恶人
之有祸也。——《韩非子·解老》

张沐（生卒年不详），字仲诚，河南上蔡人，清朝官吏。张沐是顺治十五年（1658
年）进士，康熙元年（1662年）授直隶内黄知县。

清朝康熙年间，各派的反清势力大都被清政府镇压了，国内的形势也日
趋稳定下来。康熙帝经过深思熟虑，决定调整国家政策，由平定战乱转移到
减轻民众的生活压力上来，并推行轻徭役、薄赋税等一系列的惠民政策，希
望彻底解决百姓生活中的实际问题。

在这样的大环境下，地方官员之中涌现了一些人，他们真心地为百姓谋
利益，使国家制定的政策落到实处。其中，直隶内黄县知县张沐便是极具代
表性的一位。

张沐，河南上蔡人。他很小的时候就决定做一个为国为民的好人。康熙
元年（1662年），张沐被任命为直隶内黄县知县。

张沐所在的内黄县地处华北。与附近州县一样，内黄县没能逃过明末清
初的战乱，遭受了严重的破坏，民心不稳，生产进行不下去，日常的生产都
停滞了下来，百姓的生活困苦不堪。

到任以后的张沐，以安定地方为宗旨，保证百姓的生产生活能够正常进
行；在稳定民心的同时，又提出了"以躬行为本，重农桑"等惠民政策，减免
苛捐杂税，使百姓的生活有所改善。

清朝初年，沉重的负担压得百姓透不过气来，除了要缴纳正常的赋税外，还要应付摊派下来的各种杂税。了解这一情况后，张沐立刻下令，免去一切摊派在百姓身上的杂税，彻底改变了当地乱收费的局面。

赋役的摊派不均是一个很现实的问题，内黄县的百姓最为痛恨的就在于此。有权有势的大户可以有田瞒报或者干脆就不报，这样导致了赋役直接转嫁在农民身上，出现了"输粮者或无田"的状况。直接后果是，百姓越来越贫困，日子越来越难过。

张沐体会到百姓的疾苦，他知道这个问题如果不能很好地解决，安定民心的话只能是一句空谈。为了实现当初的承诺，张沐决定彻底改变这种状况。

按照正常人的思维，张沐需要派人重新对全县土地挨户登记，进行丈量。而张沐却没有这样做，他只是叫人发了一张布告，要求所有田主将自己的田土所在地、实际亩数以及土地的肥瘠状况真实地报上来，一旦查出有隐瞒不报的，一定严厉惩处。

很快，内黄县的田地"不丈而清"，很多田主都是因为惧怕自己的田亩报少、无形中损失了土地面积，又怕自己报多了、日后分摊的税费也多，就只好如实报上数据。随后，拿到第一手资料的张沐心里有了底，他一下子抓住了这些大户的心理，将长期以来的难题彻底解决了。

张沐到任的当年，内黄县便遭了旱灾，一连持续了很久。从康熙元年（1662年）八月，一直到第二年（1663年）的九月，内黄县滴雨未下，这下可愁坏了张沐。就是时至今日，干旱对于农民来讲都是件要命的事情。干旱意味着粮食很可能要歉收或是绝收，这种情况属于"偏灾"。

在当时的情况下，政府不会调拨赈济钱粮，要想赈灾只能靠当地官员自己解决。在这种情况下，往往因为地方官不能抚恤安民，使饥民转徙他乡、讨饭求生。

张沐为了使内黄饥民平安度过灾荒之年，多方筹集赈灾钱粮。开始，筹集工作十分困难，有钱有粮之人都在观望。

于是，张沐带头拿出自己的俸禄及家蓄，"劝富民贷粟，官为书其数，俟秋获取偿"。他的这一做法不仅为各属员树立了榜样，同时也打消了一些富户的顾虑。很多人都是因为他的这句承诺而决定出手相助的。

后来，经过"多方奖谕，人争应之"，很快解决了饥民的口粮问题。由于张沐靠本地区的力量自行解决了灾民的困难，使得百姓免受迁徙之苦。

张沐在内黄任职四年多，以他对百姓的关心、抚恤，赢得了百姓对他的爱戴。康熙五年（1666年），张沐因事免职，"民惜其去，如失父母"。

康熙十八年（1679年），由于都察院左都御史魏象枢的推荐，张沐再次授官，出任四川资阳知县。当他途经内黄县时，"民遮道慰问，日仅行数里，有远送至境外者"。时隔13年之久，内黄百姓仍念念不忘张沐当年抚恤之情，实在令人感动，同时也说明了这样一个道理：能安民者必能得民心。

◎故事感悟

张沐能够设身处地地为百姓着想，解决了许多实际问题；济危扶困，解救百姓于水火之中。他不但赢得了百姓对他的爱戴，也在历史的长河中留下了英名。

◎史海撷英

吴三桂反清

清顺治十七年（1660年），朝廷以赋税不足为由，令吴三桂裁减兵员。吴三桂将绿营及投诚兵从6万人减至2.4万人，留下的全是精锐之师。

清政府于康熙十二年（1673年）下令撤藩，吴三桂闻讯后感觉到自己的势力遭到威胁，于是起兵叛清，自称周王，他自封天下水陆大元帅、兴明讨虏大将军，并发布檄文，联合平南王世子尚之信、靖南王耿精忠及广西将军孙延龄、陕西提督王辅臣等人，以"反清复明"为名，号召天下起兵反清。

不久，吴三桂便挥军入桂、川、湘、闽、粤诸省，此次战乱波及赣、陕、甘等几省，史称"三藩之乱"。清政府调重兵全力镇压，逐渐扭转了战局。

康熙十七年（1678年），吴三桂在湖南衡州称帝，国号大周，建元昭武。吴三桂本人开始蓄发，并改穿明朝衣冠。

同年秋，吴三桂在长沙病死，其孙吴世璠继位，退据云南固守。

康熙二十年（1681年），清兵攻打昆明，吴世璠自杀，其余众人投降，吴三桂的子孙后代被彻底铲除，没留一人。

◎文苑拾萃

汉军绿营

清前期的军队主要分为八旗和绿营两种。八旗又分为满洲八旗、蒙古八旗、汉军八旗。每旗设都统（固山额真），由中央八旗都统衙门掌握，地方督抚无权征调。

所谓绿营兵，主要指的是清军入关后收编的明朝降军和各省改编的队伍。由于队伍使用的是绿色的军旗，故而称为"绿旗兵"或"绿营兵"。

绿营兵的兵种有马兵、步兵和水师。在各省的绿营兵，则由地方总督、巡抚、提督、总兵等统辖。

清朝中期以后，又相继出现了汉族地主自募自练的团练乡勇。由于长期由政府供养，八旗兵整日游手好闲，不习武事，渐渐丧失了战斗力，在镇压太平军时经常打败仗。于是，南北各地的地主团练武装便迅速得到了发展。如曾国藩所率领的湘军就是应运而生的产物。还有李鸿章的淮军、左宗棠的楚军等，都是如此。这些地主团练武装后来便被改编为练军与防军。

清光绪中叶后，由于甲午战争遭到惨败，防、练军又被改为次要的巡防队，由袁世凯编练新军，作为国家的主要国防力量。

舍粥善人解士雄

◎仁之法在爱人，不在爱我。义之法在正我，不在正人。——董仲舒

解士雄（生卒年不详），字勤武，海州人。解士雄是孤儿，以种田起家。他为人俭朴节约，乐善好施。

清朝乾隆年间，江苏海州有一位以救济乡亲闻名的"解善人"，他叫解士雄，为人朴实诚恳、乐于助人，以救济贫困百姓为己任。亲族之中，有老人病故无钱殡葬的、孩子嫁娶无力承办的，往往都要靠他来帮忙。年底农事清闲时，他常到本村各家走走看看，发现有穿不上衣服吃不上饭的人，总要想办法送米送布尽力帮忙。

"解善人"这个名字就是这样得来的。

乾隆十四年（1749年），海州大旱，粮食不收，到处都是饥民。当时，海州知州林光照在州里设粥厂救济饥民，解士雄也参加了救济捐了钱。因为他的家乡白塔埠镇受灾最严重，他决定回家在本乡单独开设粥厂。

解士雄家办的粥厂分男女两个棚子，他和妻子每人负责一个。

每天半夜他们就起床，带领家人洗米烧柴，准备熬粥。早晨天还没亮，门外已经围了一大群准备领粥的人了。解士雄夫妇俩先尝一碗，然后亲自操勺给饥民散粥。

解士雄夫妇为什么要先自己尝粥呢？

事情是这样的：刚开始舍粥时，解士雄夫妇只是在一边监督，没有亲自动

手。可是，一连几天，喝粥的人开始抱怨，说粥里沙子太多，简直难以下咽。

听到这样的反映，解士雄立即把管家找来，问到底是怎么回事。管家对解士雄提出的问题支吾搪塞，解士雄愈发觉得不对头。

后来他终于弄明白了，原来是管家在米上做了手脚，把他家中舍粥用的好米全都换成了劣质米，从中渔利，进了自己的腰包。

弄明白事情的真相之后，解士雄夫妇不再观看了，而是亲自动手，从淘米下锅到粥好了先亲口尝了之后，做到心中有数，才把粥施舍给饥民。

解士雄对妻子说："好事一定要办好。本来做的是善事，却惹人家戳你的脊梁骨，何苦呢？"

当然，那个见财起意的管家因为在舍粥米上做手脚，被解士雄解雇了。尽管他几次三番对着解士雄哭天抹泪，甚至对天发誓决定痛改前非，解士雄也只是摇头叹息。他认为，这样分不清轻重缓急而只往钱上盯的人，迟早是要被金钱所害的。

这一年从冬到夏，每天都有几百人来领粥。整整六个月过去了，接受救济的饥民有上千人。

这年播种季节到来时，很多农家因无种子已经弃田不耕，解士雄就把自己家库存的粟、麦拿出来，根据各家田土多寡，贷给他们种子粮。从他家借走粮食不立债券文书，收下粮食还债时也不取利息，实在还不上的他也不去追讨。

后来，官府准备把捐献赈济的人家登记上报，知州林光照认为解士雄的行为很值得嘉奖，准备把他的名字上报，解士雄却推辞说："我一个乡下人，拿自己的积存帮助一下乡亲，怎么敢炫耀求荣呢？"解士雄说出了自己的真实想法，他只是出于一片善心，根本没有沽名钓誉的虚荣所求。

◎故事感悟

舍粥，一定要舍好米的粥。本来做的是善事，就一定要把善事真正做好，既是善心的体现，也表明一片赤诚。这应该是解士雄的真正追求。

一个人做善事不难，难的是把善事做好，把善事做到底，坚持做善事是最难的。解士雄为人们树立了把好事真正做好、把善事做到底的典范。

◎史海撷英

伊犁将军

1759年，清政府平定了新疆地区的大小和卓叛乱后，重新统一了天山地区，并以兆惠为将军，完全控制了新疆地区。

1762年，清政府设立伊犁将军府，并任命明瑞为第一任伊犁将军。

在伊犁将军之下，还设立了都统、参赞大臣、办事大臣、领队大臣等官职，分别驻扎在天山各地，管理本地的军政事务。

其中，北路设立了伊犁参赞大臣一员，领队大臣五员，塔城参赞大臣一员，办事兼领队大臣一员；南路设立了喀什噶尔参赞大臣一员，管理叶尔羌（今莎车）、英吉沙尔（今英吉沙）、乌什、阿克苏、库车、和阗（今和田）、喀喇沙尔（今焉耆）、吐鲁番等城办事大臣或领队大臣；东路设立了乌鲁木齐都统，管理古城（今奇台）、巴里坤、哈密、库尔喀喇乌苏（今乌苏）等城办事大臣或领队大臣。

1763年，清政府又在伊犁河北岸兴建了一座城市，命名为惠远（今新疆霍城县南），作为伊犁将军的驻地。从此，"惠远城"成为新疆地区的首府。

后来，又陆续修建了绥定城（今达州市内）、宁远城（今伊宁市）、惠宁城（今伊宁市巴彦岱镇）、塔勒奇城（今霍城县境内）、瞻德城（今霍城县清水河镇）、广仁城（今霍城县芦草沟）、拱宸城（老霍城县城）和熙春城（今伊宁市西城盘子），加上惠远城，合称伊犁九城。其中惠远、惠宁二城为满营驻所。

伊犁将军驻惠远城，绥定等六城为绿营驻所，总兵驻绥定，宁远为维吾尔族（包括塔兰奇）商民聚居之处。伊犁将军办事的地方，维吾尔人称为东衙门。

1871年，沙俄侵占伊犁后，惠远城被侵略者拆毁。1876年，清朝廷派左宗棠率领大军进入新疆，消灭了盘踞在南疆的阿古柏伪政权。

1881年，清政府收回了伊犁，第二年便在惠远旧城北15里处选择新址重建惠远城，史称新惠远城。

1883年，新疆正式建省，省府设在迪化（今乌鲁木齐），惠远城便逐渐失去了全疆政治中心的地位，伊犁将军主要负责北疆防务。

辛亥革命后，伊犁军府建制被取消。

◎文苑拾萃

伊犁古城

在新疆通往中亚的重要通道中，伊犁是十分重要的一地，历史上曾有许多城镇都在这里发展贸易。

清朝的乾隆皇帝为了加强对新疆伊犁地区的治理，曾在伊犁设立了伊犁将军，并建造了惠远城，还陆续在城周围建起了惠宁、绥定、广仁、宁远、瞻德、拱宸、熙春、塔勒奇等八座卫星城，统称为"伊犁九城"。

如今，保存较好的古城就是被称为"伊犁九城"之首的惠远城。在当时，它是清王朝西陲军事、政治中心的伊犁将军府的所在地。

沈德潜舟中助人

◎不仁爱则不能群，不能群则不胜物，不胜物则养不足。——《汉书》

沈德潜（1673—1769），字确士，号归愚，长洲（今江苏苏州）人，清代诗人。少年即以诗文闻名，但成年后屡试不中，辗转科场四十余年才于乾隆三年（1738年）以66岁高龄中举。乾隆四年（1739年）沈德潜考中进士，选庶吉士，散馆授翰林院编修，历任起居注官、内阁学士，官至礼部侍郎。乾隆十四年（1749年）致仕。乾隆三十四年（1769年）卒，终年97岁。朝廷追封太子太师，谥文悫，入祀贤良祠。沈德潜的诗多歌功颂德之作，少数篇章对民间疾苦有所反映，所著有《沈归愚诗文全集》，又选有《古诗源》、《唐诗别裁》、《明诗别裁》、《清诗别裁》等，流传颇广。

有一年，沈德潜参加科举考试结束，在回家的船上遇到了一个男孩，他扶着一个有病的妇女想要搭船，而船家不让这两个人上船。船家有自己的打算：他害怕病重的妇女死在船上，那是件很晦气的事情。

沈德潜很同情这两个人，尤其是那个重病在身的女人。沈德潜主动上前问明了这妇女的身份。原来，这个女人是官宦人家的小老婆，被家中大老婆赶了出来，这个男孩子是她的弟弟。

沈德潜觉得这两个人很可怜，就耐心地对船家说："可怜可怜这姐弟俩吧，人活在世上，谁都兴许会遇到这样的事情；遇到了困难，大家伸手拉一把，就算积点德吧。"

说别的，船家似乎并不往心里去，但提到"积德"二字，船家像是被电击了一下。船家的母亲信佛，整天吃斋念佛，每到船家要出航的时候，她总是要把儿子送到码头，也总要再三叮嘱儿子："出门在外，特别是以水为衣食

父母的营生，一切以积德行善为本，千万不要把钱财看得过重。"

船家由沈德潜说"积德"的话，想到了母亲的叮嘱，对沈德潜微微一笑，同意这姐弟俩上船了。

尽管船家同意了，可还是有不少船客不同意，当然也是怕沾染上那女人的病。沈德潜又开始做众船客的工作。

沈德潜毕竟是饱读诗书的人，从人要以善为本，以助人为美德讲起，终于把船客们也说服了。在沈德潜的帮助下，这姐弟俩终于上了船。

开船了，顺风顺水，船行得很快。轻舟破浪，船客们都沉浸在观赏两岸水光山色的愉悦之中，只有沈德潜没心思赏玩景色，他的注意力从来都没离开过那姐弟俩。他没想到的是，这妇女病情愈发严重，后来竟然死在船上。

船上死了人，船家心里不痛快，他开始埋怨沈德潜当初多事，不该为那姐弟俩求情。

听了船家的埋怨，沈德潜不但不恼，还微笑着向船家赔小心，说些道歉的话。同时，沈德潜又做起了船客们的工作，他说帮人帮到底，才是善事做到家。

沈德潜请各位关照，看在死者的份上，带上一程。沈德潜好说歹说，终于又一次说服了船客们。

船终于靠了岸，沈德潜自己花钱买了口棺材，把她的尸体装殓起来。船家不愿载棺材，要把它扔在路上，沈德潜诚恳地对船主说："你载活人和载死人确实不一样，但人思恋家乡、父母的心情都是一样的。死人也是埋在家里好，不然让她的阴魂流落于千里之外，这真是太可怜了。"

沈德潜又加倍地给了船钱，船家终于答应了，沈德潜总算把这个妇女的遗体送到了家。

◎故事感悟

人出门在外，多有不便。沈德潜深知这一点。他伸出援助的手，热情帮助陌生的深陷难处的人，其助人为乐的精神，值得人们学习与借鉴。美好的世界，并非仅为物质的丰富，对人献出一片赤诚与爱心，才是最为重要的。

◎史海撷英

沈德潜的文学主张

沈德潜在年轻时，曾经跟随叶燮学习文学知识。因此，他的诗论也受到了叶燮的较大影响，但却没有继承叶燮理论中的积极因素。沈德潜强调，诗歌应该是为政治服务的。他在自己的《说诗晬语》开头中就说："诗之为道，可以理性情，善伦物，感鬼神，设教邦国，应对诸侯，用如此其重也。"

同时，他还提倡"温柔敦厚，斯为极则"（《说诗晬语》卷上），极力鼓吹儒家传统的"诗教"。在艺术风格方面，沈德潜强调"格调"，因此他的诗论通常都被称为"格调说"。

所谓"格调"，其实就是强调诗歌的格律、声调等，同时也指由此所表现出来的高亢雄壮、富于变化的美感。他的学说源于明代七子，因此沈德潜的诗歌通常都是推崇七子而排斥公安、竟陵。

沈德潜所说的"格"，是指"不能竟越三唐之格"（《说诗晬语》卷上），"诗至有唐，菁华极盛，体制大备"，而"宋元流于卑靡"（《唐诗别裁集·凡例》）。事实上，这与明代前、后七子一样，是主张扬唐而抑宋的。

所谓"调"，则是指强调音律的重要性。沈德潜认为："诗以声为用者也，其微妙在抑扬抗坠之间。读者静气按节，密咏恬吟，觉前人声中难写、响外别传之妙，一齐俱出。朱子云：'讽咏以昌之，涵濡以体之。'真得读诗趣味。"

◎文苑拾萃

孔雀东南飞

序曰：汉末建安中，庐江府小吏焦仲卿妻刘氏，为仲卿母所遣，自誓不嫁。其家逼之，乃投水而死。仲卿闻之，亦自缢于庭树。时人伤之，为诗云尔。

孔雀东南飞，五里一徘徊。"十三能织素，十四学裁衣。十五弹箜篌，十六诵诗书。十七为君妇，心中常苦悲。君既为府吏，守节情不移。贱妾留空房，相见常日稀。鸡鸣入机织，夜夜不得息。三日断五匹，大人故嫌迟。非为织作迟，君家妇难为！妾不堪驱使，徒留无所施。便可白公姥，及时相遣归。"

府吏得闻之，堂上启阿母："儿已薄禄相，幸复得此妇。结发同枕席，黄泉共为友。共事二三年，始尔未为久。女行无偏斜，何意致不厚？"

阿母谓府吏："何乃太区区！此妇无礼节，举动自专由。吾意久怀忿，汝岂得自由！东家有贤女，自名秦罗敷。可怜体无比，阿母为汝求。便可速遣之，遣去慎莫留！"

府吏长跪告："伏惟启阿母。今若遣此妇，终老不复取！"

阿母得闻之，槌床便大怒："小子无所畏，何敢助妇语！吾已失恩义，会不相从许！"

府吏默无声，再拜还入户。举言谓新妇，哽咽不能语："我自不驱卿，逼迫有阿母。卿但暂还家，吾今且报府。不久当归还，还必相迎取。以此下心意，慎勿违吾语。"

新妇谓府吏："勿复重纷纭！往昔初阳岁，谢家来贵门。奉事循公姥，进止敢自专？昼夜勤作息，伶俜萦苦辛。谓言无罪过，供养卒大恩，仍更被驱遣，何言复来还！妾有绣腰襦，葳蕤自生光，红罗复斗帐，四角垂香囊，箱帘六七十，绿碧青丝绳，物物各自异，种种在其中。人贱物亦鄙，不足迎后人，留待作遗施，于今无会因。时时为安慰，久久莫相忘！"

鸡鸣外欲曙，新妇起严妆。著我绣夹裙，事事四五通。足下蹑丝履，头上玳瑁光。腰若流纨素，耳著明月珰。指如削葱根，口如含朱丹。纤纤作细步，精妙世无双。

上堂拜阿母，阿母怒不止。"昔作女儿时，生小出野里，本自无教训，兼愧贵家子。受母钱帛多，不堪母驱使。今日还家去，念母劳家里。"却与小姑别，泪落连珠子。"新妇初来时，小姑始扶床，今日被驱遣，小姑如我长。勤心养公姥，好自相扶将。初七及下九，嬉戏莫相忘。"出门登车去，涕落百余行。

府吏马在前，新妇车在后，隐隐何甸甸，俱会大道口。下马入车中，低头共耳语："誓不相隔卿，且暂还家去；吾今且赴府，不久当还归，誓天不相负！"

新妇谓府吏："感君区区怀！君既若见录，不久望君来，君当作磐石，妾当作蒲苇，蒲苇纫如丝，磐石无转移。我有亲父兄，性行暴如雷，恐不任我意，逆以煎我怀。"举手长劳劳，二情同依依。

入门上家堂，进退无颜仪。阿母大拊掌："不图子自归！十三教汝织，十四能裁衣，十五弹箜篌，十六知礼仪，十七遣汝嫁，谓言无誓违。汝今何罪过，不迎而自归。"兰芝惭阿母："儿实无罪过。"阿母大悲摧。

还家十余日，县令遣媒来。云有第三郎，窈窕世无双。年始十八九，便言多令才。

阿母谓阿女："汝可去应之。"阿女含泪答："兰芝初还时，府吏见丁宁，结誓不别离。今日违情义，恐此事非奇。自可断来信，徐徐更谓之。"

阿母白媒人："贫贱有此女，始适还家门。不堪吏人妇，岂合令郎君？幸可广问讯，不得便相许。"

媒人去数日，寻遣丞请还。说有兰家女，承籍有宦官。云有第五郎，娇逸未有婚。遣丞为媒人，主簿通语言。直说太守家，有此令郎君，既欲结大义，故遣来贵门。

阿母谢媒人："女子先有誓，老姥岂敢言！"

阿兄得闻之，怅然心中烦，举言谓阿妹："作计何不量！先嫁得府吏，后嫁得郎君，否泰如天地，足以荣汝身。不嫁义郎体，其往欲何云？"

兰芝仰头答:"理实如兄言。谢家事夫婿,中道还兄门。处分适兄意,那得自任专!虽与府吏要,渠会永无缘。登即相许和,便可作婚姻。"

媒人下床去,诺诺复尔尔。还部白府君:"下官奉使命,言谈大有缘。"府君得闻之,心中大欢喜,视历复开书,便利此月内,六合正相应。良吉三十日,今已二十七,卿可去成婚。交语速装束,络绎如浮云。青雀白鹄舫,四角龙子幡,婀娜随风转。金车玉作轮,踯躅青骢马,流苏金缕鞍。赍钱三百万,皆用青丝穿。杂彩三百匹,交广市鲑珍。从人四五百,郁郁登郡门。

阿母谓阿女:"适得府郡书,明日来迎汝。何不作衣裳?莫令事不举!"

阿女默无声,手巾掩口啼,泪落便如泻,移我琉璃榻,出置前窗下。左手持刀尺,右手执绫罗,朝成绣夹裙,晚成单罗衫。晻晻日欲暝,愁思出门啼。

府吏闻此变,因求假暂归,未至二三里,摧藏马悲哀。新妇识马声,蹑履相逢迎。怅然遥相望,知是故人来。举手拍马鞍,嗟叹使心伤:"自君别我后,人事不可量。果不如先愿,又非君所详。我有亲父母,逼迫兼弟兄,以我应他人,君还何所望!"

府吏谓新妇:"贺卿得高迁!磐石方且厚,可以卒千年,蒲苇一时纫,便作旦夕间。卿当日胜贵,吾独向黄泉!"新妇谓府吏:"何意出此言!同是被逼迫,君尔妾亦然。黄泉下相见,勿违今日言!"执手分道去,各各还家门。生人作死别,恨恨那可论?念与世间辞,千万不复全!

府吏还家去,上堂拜阿母:"今日大风寒,寒风摧树木,严霜结庭兰。儿今日冥冥,令母在后单。故作不良计,勿复怨鬼神!命如南山石,四体康且直!"

阿母得闻之,零泪应声落:"汝是大家子,仕宦于台阁,慎勿为妇死,贵贱情何薄?东家有贤女,窈窕艳城郭,阿母为汝求,便复在旦夕。"

府吏再拜还,长叹房中,作计乃尔立。转头向户里,渐见愁煎迫。

其日牛马嘶,新妇入青庐。奄奄黄昏后,寂寂人定初。"我命绝今日,魂去尸长留!"揽裙脱丝履,举身赴清池。

府吏闻此事,心知长别离,徘徊庭树下,自挂东南枝。

两家求合葬,合葬华山傍。东西植松柏,左右种梧桐。枝枝相覆盖,叶叶相交通。中有双飞鸟,自名为鸳鸯,仰头相向鸣,夜夜达五更,行人驻足听,寡妇起彷徨。多谢后世人,戒之慎勿忘!

母亲给儿子当家

◎积财亿万，不肯救穷周急，使人饥寒而死，罪不除
也。——《太平经》

颜希深（1729—1780），字若愚，号静山，又号浚溪，广东连平县元善镇人，贡生出身。颜希深是落户连平颜氏的第五代。

颜希深的母亲何氏出身书香门第，秉性慈惠、知书达理，嫁与颜氏后因家庭困难，常以种桑绩麻供颜希深读书。她总是教育儿子要深明大义。儿子做了官以后，谨记母亲的教诲，不仅廉洁奉公，而且爱民。

清乾隆年间颜希深任山东平度知州，他清廉爱民，很得人心。

有一次，颜希深到省城去办理公事，这期间平度州发了大水，老百姓都往高处跑。可是县城附近是一马平川，根本没有高地，所以老百姓都纷纷上了城墙。

一连多日大水不退，老百姓在城墙上没吃没喝、饥饿加雨淋，苦不堪言。何氏看到这样的情形，心急如焚，盼着儿子早点回来。可是，到处都是一片汪洋，风大浪高；儿子远在省城，洪水不退想赶回家来实在是难上加难。

儿子不在家，躲在城墙上的灾民没吃没喝怎么办？何氏想到了请示巡抚，可洪水的阻隔，连城都出不去，怎么能请示巡抚开官仓发放粮食赈济灾民？

一连几天，颜希深的母亲睁开眼睛，眼前都是洪水，闭上眼睛，眼前全是城墙上的那些眼看就要被饿死的灾民。老太太如坐针毡，不知如何是好。儿子一时半会儿回不来，找巡抚又出不了城，怎么办？

正在老太太一筹莫展的时候，一个士兵来报，说城墙上已经饿死人了！老太太听到这个消息，先是一哆嗦，眼前仿佛一下子出现了饿殍遍布城墙的凄惨景象。饿死人了！

何氏始终犹豫不决的心立刻镇定了下来，她把手里的拐杖使劲往地下顿了顿，似乎是下了最后的决心。她命令传令兵，把县官叫了来，对县官说应立即开官仓放粮赈济灾民。

开始，县官还有些犹豫，何氏看出了他的心思，对他说："你只管开仓，朝廷怪罪下来，有我儿子和我顶着，只要不再饿死老百姓！"

县官见何氏决意如此，也就只好听她的安排了，立即打开官仓，放粮赈灾。

过了些日子，洪水渐渐退去，颜希深也从省城回来了，为母亲深明大义、为救济灾民而不顾身家性命的勇敢精神所感动。

颜希深对母亲说："您做得很对，如果是我，也会这样做。"

同时，他请母亲放心："朝廷要责罚，就责罚我好了，与母亲没有任何关系。"

虽然颜希深把责任全都揽了过来，而山东巡抚却不依不饶。他认为这样做是不能允许的，把弹劾颜希深母子的折子火速送到了北京。

乾隆皇帝阅了这道折子之后，拍案叫绝，连连说好。好在哪里呢？乾隆皇帝说："有这样贤德的母亲，这样爱民的好官，能够为国为民着想，对于临时情况能够权宜变通，及时处理；这位巡抚不但不予保奏给以嘉奖，反而参劾他们，怎么能激发勉励地方官吏积极赈灾呢？"

于是，乾隆皇帝把颜希深提升为知府，授予他的母亲三品封衔。后来，颜希深官至巡抚，他的子孙官至总督。

颜希深母子不顾个人安危、救民于水火的精神，给人们留下了深刻印象。

◎故事感悟

面对突如其来的变故、面对天灾危及老百姓的生命安全时，应该如何决断？颜希深母子给人们树立了最好的榜样。

◎史海撷英

颜希深攻打金川土司

乾隆三十八年（1773年），乾隆帝将颜希深调往四川省西北部的高原藏区，并派他前往攻打金川土司的前线，辅佐鄂宝管理军饷事务，同时还要协助河南布政使处理供应前线钱粮方面的事务，不过人需要留在军队当中。

颜希深上书说："军粮仓库设在木池，因山势所限，与军营阻隔，故而交通很不方便；不如将山地开平，将军粮直接运到前线安营，由我和黄岩总兵李时扩领兵把守，并经常率领兵士操练，这样不但能让兵士熟练作战技艺，练兵场上的喊杀声还能远近相闻，震慑牵制敌人。"

同时他还说："金川地区山深林密，敌人很容易隐藏起来，因此请让我率兵砍伐山中的林木，让附近的敌人碉堡通出来的道路全无遮蔽，这样他们就不能偷袭我军了。"

乾隆帝十分赞赏颜希深的意见，不仅立刻批准了他的奏章，还特别赏赐他孔雀翎。于是，颜希深与李时扩便焚毁了木池站，挥师深入前线。

到达前线后，颜希深经常在寒冷的深夜到帐外查岗查哨和抚慰兵士，得到了士兵的热烈拥护，从而确保了前线军粮的及时供应。

魏源以身贷民命

◎爱之为道也，情亲意厚，深而感物。——刘劭

> 魏源（1794—1857），原名远达，字默深，一字墨生，又字汉士，号良图。清湖南省邵阳县金潭人（今邵阳市隆回县金潭）。晚清思想家，新思想的倡导者。林则徐的好友。近代中国"睁眼看世界"的首批知识分子的优秀代表。道光二年（1822年）魏源中举人，试卷得到宣宗褒扬，但此后会试却落第，考官刘逢禄深感可惜。后魏源捐内阁中书，直到道光二十五年（1845年）方中进士，殿试位列三甲第九十三名，以知州分发江苏，赞权兴化。官至高邮州知州。晚年隐居杭州，潜心佛教，法名承贯。病逝于杭州。魏源学识渊博，著述很多，主要有《书古微》、《诗古微》、《默觚》、《老子本义》、《圣武记》、《元史新编》和《海国图志》等。

清道光二十九年（1849年）秋，江苏兴化县在大灾之后，水稻却喜获丰收。当地百姓为感激为此作出贡献的知县魏源，特将这年丰收的水稻称为"魏公稻"。

道光二十九年魏源任兴化县知县。在清代官场中，县官是最难当的。它担负的职责最多、最实际，又最难办，而国家给予县官及僚属的俸禄是很少的。

尽管如此，魏源于闱场跋涉三十多年后，在52岁时方有所谓正途出身。科场的遭遇，促使他决定要当好百姓的"父母官"。

兴化"地势四面皆高，形如釜底，近高宝、洪泽二湖"。湖水涨，威胁堤防；堤溃则将影响运河漕运，故设南关、中新等五坝，以资宣泄。下河农民

种早稻，到秋初湖涨之时，新的粮食也都收获归仓了。坝启水注，于农民当年收获无损。

道光末年，官场腐败已经十分严重了，河臣河工平日宴游作乐、贪污河费、不事修缮，致使堤不坚实。一旦湖水上涨，他们又怕承担溃堤罪责，于是不顾下河七县人民的死活，动辄下令启坝放水。而农民新谷即将收获，往往被大水冲得干干净净。此灾尤以兴化为甚，致使淮扬大饥，百姓怨声载道。

道光二十九年，洪水来得更早，大雨从农历四月一直下到六月，湖水猛涨，河员催促凿开邮南五坝，刻不容缓。此时禾稻将实，百姓听说又要启坝，个个怨恨，数万人风起云涌、集结堤坝。

此时，魏源受任兴化县才三天，他首先察看了邮南水势，然后到县接印。

这时，"河帅将启闸"。魏源闻讯，心急如焚，他不能眼睁睁看着百姓即将收获的水稻毁于一旦，于是找河帅力争，陈述百姓之苦，希望尽力救灾、暂缓启坝，以免操之过急。

然而，河帅只顾自己，执意不肯。魏源遂至总督衙门，击鼓求见。他见到总督陆建瀛后，再次为百姓申诉，反复强调不能启闸的理由。陆建瀛为掌握情况，亲往勘察灾情，终于批准了魏源的请求。

魏源在风雨中奔走呼号，指挥七县农民挑土护堤。随着风雨加剧，堤坝面临决口的危险，情况万分危急。河臣再次提出开坝，魏源顶风冒雨，扑倒在堤上痛哭，如果要开坝放水就让水把他冲走。数万乡民为之感动，全力投入抢险，经过昼夜奋战，终于渡过险关，保住了堤坝。

此时，魏源浑身泥水，双眼被风雨激打得赤肿如桃，看到的人没有不感动流泪的。当人们含泪将这位56岁的老人用门板从堤上抬下时，陆建瀛见了也禁不住含泪感叹："精诚所至，金石为开，岂不信然。"

人们把魏源抬上船，到兴化码头，闻信前来迎接的士绅百姓，从县衙到码头，路上挤得水泄不通。人们拿着香火、放着鞭炮，欢呼"青天老爷"。

千百双手，小心翼翼地托着魏源的轿舆，一直用手抬进县署。士民们又立即送来一块大匾，上面书写着"淮扬保障"四个大字，悬挂在县署正中。是岁大穰，民谓其稻曰："魏公稻也。"

后来，魏源在兴化县处理事情极为顺利，凡是"魏老爷"发令要做的事情，无不计日程功。他发动百姓趁冬季水枯之便，疏通河道、沿河堤植柳、兴修水利。魏源为了永久性地解决启坝问题，深入调查，亲临第一线，指挥河堤重建工程。

魏源保障了兴化县等下河七县人民的安居乐业，人民咸颂其德，匾额楹联、诗词颂赋，云涌而至。其中有"时方浑噩，公已研求。卓彼先觉，如有隐忧。牛刀初试，砥柱中流。淮扬保障，千载寡俦"的话，这些话对魏源的肯定是贴切的。

◎故事感悟

在魏源身上，人们似乎可以看到一个用大半生时间求取功名的魏源，看到了一个不怕牺牲、救民于水火的魏源，看到了一个正直的读书人，也看到了一个封建时代基层官员为民谋福祉的形象。

◎史海撷英

同治中兴

同治中兴指的是在清中叶后期，同治皇帝在位期间（1862—1874年），为了维护清王朝统治的一个恢复阶段。

当时，恰逢1860年清政府与英法合作，以及太平天国崩溃（1864年），因此清王朝在政治上出现了一个较为平静的时期。

也有人将清朝时期咸丰至同治时期称为咸同中兴，作为一个恢复的阶段。不过现在普遍都认为，恢复时期主要是在同治统治年间。

◎文苑拾萃

《瀛环志略》

《瀛环志略》是近代中国人系统介绍世界史地知识的一部名著，作者涂继畬，道光二十八年（1848年）初刻于福建抚署。1848年秋，《瀛环志略》刊行。

此书被视为是《海国图志》的姊妹篇，是亚洲第一部系统介绍世界地理的著述，也是近代中国具有先进思想的人们向西方学习的启蒙读物。该书以战国思想家邹衍所论中国之外有大九州，有大瀛海环绕，故名《瀛环志略》。

书中全面扼要地介绍了世界各国的地理沿革、政情历史、民俗风情、经济状况等。书中开篇为总说，后为分叙，总分图44幅。

《瀛环志略》共十卷，一卷志阿非利加（非洲），二卷志亚墨利加（美洲），三卷志亚细亚（亚洲），四卷志欧罗巴（欧洲），共介绍了100多个国家和地区。

书中将各洲各国的疆域、种族人口、历史沿革、建制、物产、生活风俗、宗教、盛衰等方面做比较，介绍翔实明细，边叙边议，图文并茂，可读性和实用性都很强。

ZHONGHUACHUANTONGMEIDEBAIZIJING

中华传统美德百字经

济·济危扶困

第二篇

同舟共济为国家

李盛兰献铜钱抗日救国

◎垂恻隐于有生，恒恕己以接物者，仁人也。——葛洪

李盛兰（生卒年不详），河北阜平白河村人，抗战时五十来岁。他虽为地主，但在抗日战争时期，深受日本帝国主义侵略之苦的他同样有着家仇国恨、同样有着强烈的报国之志，对自己受难的同胞有着深切的同情之心和怜悯之心。

河北阜平县在晋察冀边区根据地，1937年10月，以张苏为县长的阜平县人民政府成立后，第一件事就是筹粮集款，搞救国募捐，这是根据地人民支援抗战的首要任务。全县50多位有钱的士绅、地主应邀聚在县城开会。

张苏站在他们中间语重心长地说："日寇侵我中华，杀我同胞，前方将士为了抗击日寇，生活条件非常艰苦，有的甚至流血牺牲。他们为了国家的利益和人民的幸福与敌人作战。如果他们没有衣穿、没有饭吃，连最基本的生活条件都保证不了，那他们就没有战斗力，就打不了仗。如果不能有效地抵抗日本鬼子的侵略，我们就要亡国。"

因此，他号召大家同舟共济，有粮出粮、有钱出钱，精诚团结，把日本侵略者赶出中国。

李盛兰的座位离张苏最近，他细细地听、静静地想，每句话都在打动着他。张苏的话音刚落，他第一个站起来，非常有力地说："我们都是中国人，绝不当亡国奴，我出谷米20担。"

张苏听后，高兴地向大家挥着手说："李盛兰带了个好头，大家要向他学习呀！"

　　一时间像煮开了锅的水，全场气氛非常热烈，大家争相报出要捐的数目。不大一会儿，就报出了救国捐款2000多元，还有粮食与其他物品。这个数目可不小呀！相当于那时全县一年的田赋收入。

　　1944年，抗日战争进入了紧要关头，地处阜平县的军区兵工厂做子弹用的铜非常紧缺。晋察冀边区政府为了制造更多的枪支弹药，有力地打击敌人，号召人们献出自家的废铜碎铁。军区首长还下令将神仙山庙中的铜像也用来做枪炮子弹。

　　李盛兰知道这个情况后，感到十分不安，下决心要再作一次贡献。他把家人召集起来说："现在国家需要，咱就将咱们家积累下来的800斤铜钱捐出去献给八路军吧！"

　　老伴说："那可是咱多年的积存啊！"

　　李盛兰耐心地解释说，现在就只能把这些铜钱作为废铜看待，边区政府有边区票、军区票了，它们也没用了。几句话，他就说通了全家人。

　　过了秤，这些铜钱整整800斤，李盛兰将它们用几个棉布袋装上，并附上一封便信，找了几个年轻人抬着送到了军区机关。信中写道："军区司令员：送铜子，八百斤，做枪炮子弹。老百姓李盛兰。"

　　晋察冀军区领导收到信后，对李盛兰以民族大业为重的奉献精神深表赞赏。除在全军区广泛宣传外，还专门设宴招待他，以表达诚挚的谢意。区政府干部还敲锣打鼓地给他家的门上挂了一块"抗日模范"的牌匾。至此，李盛兰的名字传遍晋察冀的山村乡野。

◎故事感悟

　　当民族危亡时，不论哪个阶级、阶层，都以自己的方式来拯救危亡的祖国。铜钱算什么？为了打击日寇，让它们化为子弹，才能更好地打击敌人！

　　李盛兰在抗日战争就要夺取胜利的紧要关头，把多年的积蓄都捐了出去。他的这种以民族大业为重的奉献精神深深感动了我们当代青少年：在民族大义面前，个人的利益是多么微不足道啊！

◎史海撷英

豫中会战

1944年4月，日军华北方面军司令官冈村宁次指挥日军第十二军共五个师团又三个旅、一个飞行团等部队共14.8万余人，以攻占平汉铁路南段为目标，向郑县（郑州）、洛阳地区发动进攻。

中国第一战区司令长官蒋鼎文指挥国民革命军八个集团军、一个兵团共17个军约40万人抗击日军。以第二十八集团军依托黄河南岸设防，第四集团军在河南汜水县、密县间山区进行坚守防御；第三十一集团军于禹县、襄城、临汝地区设防待机。

4月18日，日军由中牟新黄河东岸出发，向第二十八集团军暂编第十五军河防阵地发起猛烈攻击。

4月19日，日军由郑州黄河铁桥南端出发，向邙山头阵地发起攻击。在突破阵地后，相继攻陷了郑州、新郑、尉氏、汜水、密县等市县。

4月25日，日军由安徽正阳关、凤台向阜阳进攻，并作出了向河南漯河进攻的态势，以牵制豫东守军，打通平汉铁路后撤回。

4月30日，日军向许昌发起攻击，守城的新编第二十九师抵抗至5月1日失守。日军沿平汉铁路南进，主力转向西进。

5月9日，西进日军攻抵龙门附近，以一部进逼洛阳，大部向伊河、洛河河谷进攻。当日晚，日军第一军强渡黄河，攻占河南英豪、渑池后，沿陇海铁路（兰州—连云港）东西分进。至5月14日，与西进日军击退第三十六集团军和刘戡兵团包围了洛阳。

5月18日，日军第六十三师团一部攻击洛阳，守军第十五军配属第九十四师依托城防工程顽强抗击，使敌攻击受挫。日军第110师团一部、坦克第三师团主力、骑兵第四旅和菊兵团联合攻击洛阳。中国守军孤军奋战至5月25日，洛阳失守。

在日军第十二军主力西进后，第五战区第五十五军、第十战区豫南挺进军向平汉铁路南段袭击，曾一度收复了确山、漯河等地，以牵制日军。

6月2日，第一战区主力、第八战区一部发起反击，将日军逐至陕县、洛宁、嵩县、鲁山一线，双方形成对峙。

◎文苑拾萃

《实践论》

《实践论》是毛泽东所写的一部关于马克思主义认识论的代表著作。成书于1937年7月。

在中国革命史上，由于中国共产党内的教条主义及经验主义的错误思想，致使中国革命在1931—1934年遭受了巨大的损失。而《实践论》就是毛泽东同志用马克思主义的认识论观点来揭露党内教条主义和经验主义，尤其是教条主义的主观主义错误而写就的。

该著作将实践观点作为基础，将认识和实践的辩证统一作为中心，系统地阐述了能动的革命反映论。它十分具体地论述了实践及其在认识过程中的地位与作用，强调人类的生产活动是最基本的实践活动，决定着其他的一切活动。

《实践论》认为，社会实践应包括阶级斗争、政治生活、科学及艺术活动等多种形式。其中，阶级斗争能够深刻地影响人的认识发展，而实践则是认识的来源和推动认识发展的动力。只有社会实践，才是人们认识外界真理的标准。

《实践论》认为，阶级性和实践性是马克思主义哲学的两个最显著的特点。

马万祺、罗柏心夫妇结婚不忘救国

◎民吾同胞，物吾与也。——《张载集》

马万祺（1919—　），广东广州人，大学学历，澳门东亚大学工商管理荣誉博士学位，暨南大学名誉博士。马万祺现任十一届全国政协副主席，中华文学基金会会长，澳门中华总商会会长，澳门大华行投资有限公司董事长，澳门镜湖医院慈善会主席。

结婚是人生的大事，被称为人生的重要转折点，所以都会举行隆重的婚礼。但是，在战火纷飞的年代，有的人因为没有钱，根本办不了婚礼；有的人因为战乱，连生存都成了问题，根本不敢奢望有像样的婚礼。

一些爱国的商业人士在国难当头之际，也尽量婚事从简，主动将节余的费用捐献给国家，支援抗战。而马万祺和罗柏心婚事新办的故事，就是结婚不忘救国的典型。

1919年10月，马万祺出生于广东南海县。青少年时代，马万祺亲眼目睹了日寇侵华的暴行，强烈的爱国主义情感开始在他心底萌芽。

1937年冬，他愤然写下《同仇抗敌》一诗：

> 可恨倭奴太逞凶，同仇敌忾怒发冲。
>
> 牺牲已至关头后，万众一心扫荤戎。

这也是我们见到的马万祺最早的诗歌作品。

　　1938年，马万祺经营的信兴、信栈、升平、升昌、永和兴等粮食、土产批发商行被日军炸毁烧光。广州沦陷后，马万祺和母亲、姐姐不得不离开广州去香港避难。在万分悲愤中，他作了一首五言诗《广州失守》：

　　　　凶残狠日寇，铁蹄践羊城。

　　　　东南何不振？瞩望在延安。

　　在友人的帮助下，马万祺又在香港成立了泰生商行、永裕商行，并很快恢复了商业运作，经营进出口棉花、纱布和粮油食品生意。

　　1941年，他移居澳门，决心在困境中闯出一条生路，北向内地深入、南向海外发展。然而，珍珠港事件后，日寇铁蹄踏进香港，他刚创下的一点基业又被日寇掠夺。

　　幸亏他那时正在澳门处理商务，这才免遭战祸。于是，澳门就成了他生存和事业发展的根据地。

　　在澳门立足后，马万祺与友人一起，又先后开设了恒丰裕行、和生行、大丰银号和恒记公司。他们凭借这些商行、公司，将申领的大批棉纱、布匹、药品等抗战最急需的物资运到内地，对粉碎日寇的经济封锁、支援内地抗战起了很大作用。

　　在这里，马万祺结识了在港澳地区从事抗日救亡文化工作的潘汉年、夏衍、阳翰笙、茅盾等人和爱国人士冯祝万、李泽霖，以及大革命时期就加入中国共产党的地下党员柯麟医生，并与他们倾心结交，这使马万祺视野大开、获益良多。

　　这时，马万祺20多岁，正是风华正茂的年纪。在母亲的关切下，马万祺的婚姻大事也逐渐提上了日程。

　　早年，马万祺就与罗柏心小姐结识。罗柏心的父亲罗裕兴是马万祺父亲的生意伙伴。罗裕兴非常喜欢马万祺，认为他在马氏同辈青年中最聪颖求实、质朴宽厚。

罗柏心是罗家长女，端庄美丽、谈吐大方、见多识广、风韵高雅。随着两家的密切往来，马万祺对罗柏心这个世家小妹也是一往情深。

1943年1月15日，马万祺与相恋多年的罗柏心在澳门共结连理。婚礼在澳门中央酒店举行，礼堂门前摆放着许多友人、社团送来的花篮、鲜花、盆栽。500多位贺喜的嘉宾络绎不绝地赶到，其中不少还是澳门工商界的头面人物及政府官员，循例是要大摆筵席，热闹一番的。

然而，那天的喜宴只是个简单的茶话式酒会。这是怎么回事呢？

其实，为了这件事，马万祺和罗柏心还经过了一番商量。婚礼前，马万祺考虑到国难当头，婚事当简，拟将婚宴所费5万大洋捐出。罗柏心也很想捐出一笔款子，帮助那些可怜的难童孤儿，以表示爱国情意。

罗柏心对马万祺说："结婚大事，摆几桌酒席请朋友欢宴一餐，也是应该的。不过，以你现时的地位一摆酒席就不得了，宾客多，起码有上百桌，至少得两三万大洋。我以为尽可不必。我只想怎样做，既不会伤了奶奶的感情，又将钱用在有意义的事上？"

罗柏心小姐深明大义，提议将5万大洋捐给广东省政府主席李汉魂将军的夫人吴菊芳女士主持的战时儿童教养院。

马万祺高兴地说："好，我们的婚事就新办，不摆宴会酒席，搞个结婚酒会，热热闹闹地举行结婚典礼……"

当日婚礼开始，澳门知名人士冯祝万作为证婚人宣布："马万祺和罗柏心今日结婚，成秦晋之好！"

然后，他提高声调："马万祺、罗柏心的婚礼，是婚事新办。他们将原先准备用作婚宴筵金的5万大洋，已于今日上午电汇给广东省曲江市广东省妇女会会长吴菊芳女士，捐献给广东省妇女会战时儿童教养院，作为教养失去父母的少年儿童的经费。"

证婚人话音未落，整个礼堂即爆发出一阵阵热烈的掌声，对新婚夫妇的行为表示敬佩。

婚礼上不设宴席，仅摆喜酒。马万祺、罗柏心端着喜酒，向每一位嘉宾敬酒，感谢他们的隆情盛意。

简朴的婚礼后，马万祺眼望才貌出众、聪慧贤淑的妻子，心潮澎湃，即兴挥毫赋诗抒怀：

> 濠江创业稍从容，菽水承欢世俗同。
>
> 誓与柏心偕白首，灵犀一点两相通。

婚后不久，马万祺又将大丰银号春茗筵宴款项5000元捐给澳门两家慈善团体——同善堂和镜湖医院慈善会，以救助贫民、难民。如此两项善举竟激起澳门诸家商行、银号相继响应，一时传为美谈。

◎故事感悟

马万祺、罗柏心夫妇结婚不忘救国，他们心目中所思所想都以国家大义为重，就连结婚这等大事都简办为国，号召感动了更多有识之士。只要我们中华民族有更多像他们一样的夫妇，那我们的民族就一定会更加强大。

◎史海撷英

中共提出建立革命统一战线

1922年6月，中国共产党发表了《中共中央第一次对于时局的主张》，明确地提出了建立各民主阶级联合战线的主张。

这年7月，中国共产党第二次全国代表大会又制定了反帝反封建的民主革命纲领，集中讨论了同国民党建立革命统一战线的问题，并正式确立了建立民主联合统一战线的方针。

8月，中共中央召开西湖特别会议。根据共产国际的指示，经过充分讨论，最终决定：在孙中山改组国民党，使国民党成为资产阶级、小资产阶级和无产阶

级的民主革命统一战线的前提下，共产党员可以以个人的名义加入国民党，实现两党之间的团结合作。

　　1923年6月，中国共产党第三次全国代表大会接受了共产国际执委会《关于中国共产党和国民党关系的决议》，决定：全体共产党员以个人名义加入国民党，以建立各民主阶级的统一战线。

阜平妇女为抗战做军鞋

◎以爱己之心爱人则尽仁。——《张载集》

　　抗战时期，河北阜平是晋察冀根据地的模范县，当年的新华社曾对阜平做过这样的评论："每个村庄都是堡垒，每个人民都是战士，绝非轻易撼动。号召各抗日根据地坚持抗战，需向阜平看齐，在地方工作上，创造千百个类似阜平的巩固堡垒。"

　　据统计，抗战时期，阜平先后有4500多人参加八路军，而当时全县总人口只有9万。抗日干部烈军属户占全县总数的75％。阜平的精壮人口多在外抗日，广大妇女不仅要操持家里的农活、家务，同时还积极参加站岗放哨、递送情报、救护伤员、做衣做鞋做帽等抗日工作，她们为抗战的胜利作出了突出贡献。

　　高玉兰本是阜平县城人，从小在城里长大。日军侵占了阜平后，她家被烧毁，她的父母、哥哥、弟弟、妹妹逃荒去了山西。

　　临走前，父母给她找了个阜平县高街村附近刘姓的婆家。婆家是贫农，高玉兰嫁过来后，不得不改变城里小姐的许多习惯，开始做各种笨重的农活和家务活。

　　好在当时她年轻，也不怕吃苦。她处处留心，跟婆婆和村里的大姐、大妈学着干这干那。很快，她熟悉了农村，里里外外的各种活计都干得利利落落，成为一名劳动好手。她也迅速地将自己融入乡村生活中，积极参加村里的各种事情和活动。

　　高玉兰的丈夫是一名党员，抗战爆发后，他参加了游击队。在他的影响下，高玉兰也参加了抗日活动，21岁那年还加入了中国共产党。丈夫东奔西走地打游击，常年不在家。高玉兰一个人既要拉扯孩子，又要照顾公婆，无法出去。但她可以在村里帮着部队做许多事情，最主要的就是做军鞋、做军大衣。

不仅她做，村里的妇女都做，由部队供给部发给鞋底和线，一人一堆领回家。一有空闲，高玉兰就戴上顶针，一针一线地做鞋。很多时候，因白天事情太多，只能在晚上加班加点，做到深夜是常事。做鞋时，手指被针扎得流血、手掌被麻线勒得红肿、胳膊累得酸疼，这都是常事。高玉兰从不将它们放在心上。

为保证军鞋的质量，区里总结妇女们做鞋的经验，将其中的要领和要求编成通俗易懂的歌谣教给妇女们，让她们照着办。当时做千层底布鞋的歌谣是：

千层底，黑鞋帮。
前三后四，中三行，
抽针齐鞋口，底儿五十行。

高玉兰心灵手巧。她做的鞋针脚细密、样式美观，被村里的姐妹们互相传看、品评，当做军鞋的样式。

高玉兰完成了自己的任务后，还常常热心地帮助别的妇女。同时她还鼓励那些手脚麻利的姐妹多做鞋、做好鞋。因此，她们村里的做鞋任务每次都能较好地完成。

高玉兰也成为村里妇女的带头人，大家心里有什么不愉快、家里有什么闹心的事儿以及杂七杂八的家务事儿等，也都愿意和她说。她也不厌其烦地做工作、多方调解，帮助妇女们解开思想上的疙瘩，从而同心协力为支前服务。

抗战时期，像高玉兰这样的支前妇女，阜平有成千上万。当时，在阜平的每一个村庄，妇女们都纳鞋底、做布鞋、支援部队。她们亲手做的军鞋穿在八路军战士的脚上，翻山越岭打日本侵略者，其数量之多已无法计算。

抗战期间，阜平县下堡行政区共辖54个自然村，1.3万多人口，女性约占三分之一。在4000多名女性中，又有将近2000名妇女参加了各种支前活动，其中，为部队做军鞋就是一项。

下堡一带，虽然地处深山、交通不便，但老百姓对穿鞋很是讲究。一是讲究结实耐用，因为抬脚就爬山，没有结实的鞋不行；二是讲究样式美观，穿在脚上舒服好看。所以，当地妇女一般都会做两种鞋："踢死牛"和"千层底"。

"踢死牛"一般用旧轮胎做底，耐磨性强，但穿在脚上有烧灼感，不大舒服；"千层底"的样式美观穿着舒服，但制作起来费时费力。

制作"千层底"时，要先选几块平整的大面板，用榆树皮面打成糨糊，将碎布条一块一块地粘在面板上，晒干后揭下来，这就是"夹纸"；然后用剪刀剪成鞋底状；接着，用细白布将鞋底的外缘包起来；最后，将四张这样的"夹纸"粘在一起，用麻绳一针针纳起来，从外观看呈层层叠叠状，这就是"千层底"。

八路军是老百姓的子弟兵。为子弟兵做鞋，当然要做最好的"千层底"。1941年冬天，区公所给各村布置支前任务：做军鞋2000双，没有规定军鞋样式。但各村村长为每位妇女分配做鞋数量时，却指定要做"千层底"。

下堡村妇救会主任张富花在做鞋过程中，考虑到八路军战士经常翻山越岭急行军、鞋底磨损大，按传统的四层"夹纸"做鞋底太薄，就又多加了一层"夹纸"，变成了五层。虽然只是多加了一层薄薄的"夹纸"，但却多耗费了两个时辰的工夫。

张富花的新式"千层底"一亮相，立即引起了人们的注意。区公所的领导首先给予肯定，在大会上对张富花进行了表扬。很多年以后，张富花老人仍然记得区长的那几句话："八路军是实心实意为咱老百姓办事的，咱老百姓也要实心实意为八路军服务。大家要向张富花学习，把四层的'千层底'变成五层的'千层底'。多一层，八路军战士就能多行10里路，就能多消灭几个鬼子！"

区公所及时将张富花的五层"千层底"经验向全区予以推广，很快，

2000双五层"千层底"军鞋交到了区公所。从此以后，凡是做军鞋，下堡区都是五层的"千层底"。

华北联大的老学员和八路军老战士穿着"千层底"布鞋激动万分地说："吃着香香的小米，穿着舒服的'千层底'，增添了打鬼子的力气！"

为做"千层底"，下堡区人民付出了大量的人力和物力。战争年代，物资极度缺乏，做"千层底"需要很多布料、麻绳，特别是做"夹纸"需要好多榆树皮面，不够时，就用面粉代替。有的人宁愿饿着肚子，也要挤出面粉保证军鞋任务的完成。有的人家为了保证足够的"夹纸"用布，衣服破了都舍不得用布去缝补，数九寒天露着肉，生了冻疮。还有麻绳，是用苎麻秆的外皮搓制的。

苎麻是一种经济作物，本身产量较低，加之那时阜平山区耕作方式很落后，所以苎麻的产量就更低。乡亲们种苎麻主要是为了搓大绳背运粮食，做军鞋要用去大量苎麻。不少人放弃了搓大绳，而把苎麻用在做军鞋上。一双"千层底"结实与否，还体现在纳鞋底的功夫上。以一只"40"号码的鞋底为例，上面要纳25排"针脚"，每排"针脚"50个。这就是说，每只鞋底要纳"针脚"1250个。每个"针脚"进出针两次，一只鞋底要进出2500次，一双鞋要做5000次重复动作，需要整整两天时间。而且纳鞋底时，胳膊要甩开，尽量把麻绳拉长。当地民谚云：

> 胳膊甩得开，登鞋上天台；
> 麻绳拉得长，翻山又过冈。

这就是形容鞋的结实程度。

如果连同做"夹纸"和鞋帮，一双"千层底"最少需要三天才能完工。抗战八年，下堡区妇女共做军鞋两万余双，不算原料，单说时间，她们度过了多少个不眠之夜啊！然而，没有一个人叫苦，没有一个人喊累！她们懂得，这一切都是为了打击日本侵略者，为了保家卫国。

◎故事感悟

正是有了许许多多个和高玉兰一样的妇女，阜平才能成为抗日的堡垒县。正是有了广大人民群众的支持，抗日战争才得以胜利。正是有了这些最基础的劳苦大众，才有了新中国的成立啊！

◎史海撷英

东北抗日联军

东北抗日联军的前身是东北抗日义勇军的余部、东北反日游击队和东北人民革命军，也是20世纪三四十年代中国人民抵抗日本帝国主义侵略的伟大民族解放战争的重要组成部分，曾在中国革命史上留下了永不磨灭的印记。

日本全面侵华后，在日本侵略者的大后方，在当时的东北以及内蒙古东部地区，东北抗日联军曾进行了14年的艰苦斗争，成功地牵制了数十万日伪正规军，从而有力地支援了全国的抗日战争。

东北抗日联军最多时共有11路军，人数最多时达4万多人。其中，第一、二、三、六、七等军是在反日游击队（共产党领导）的基础上建立的；第四、五军是在王德林的救国军和李杜的抗日自卫军余部基础上建立的；第八、九、十、十一军是在义勇军余部和抗日山林队的基础上建立的。

1941年以后，东北抗日联军仅剩下500多人，于是他们退往苏联，在苏联又重新整编成为教导旅，并于1945年随苏军进入东北，返回祖国。此后，他们便加入了东北民主联军。

谢侠逊以棋为戈

◎尊高年……慈孤弱。——《张载集》

谢侠逊（1888—1988），原名谢宣，字侠逊，以字行。浙江省温州平阳县人。中国著名象棋和西洋棋国手、理论家和社会活动家，被誉为"棋界总司令"和"百岁棋王"。1916年，到《时事新报》发行部工作，并兼任该报《象棋》专栏编辑。1935年4月，谢侠逊访问新加坡，在嘉东华侨游泳会上遇到英军国际象棋冠军亨特的挑战，双方在表演赛中进行激战，谢大胜，场内华侨观众掌声不绝。1936年参加了在广州沙面举行的中、英、美、德、奥五国银龙杯国际象棋赛，以胜十八局、负一局、和一局夺得冠军。曾任中国象棋协会副主席，爱国人士。谢侠逊一生致力于中国象棋棋谱的著述，著作有《国耻纪念象棋新谱》（与潘定思合著）、《象棋谱大全》、《新编象棋谱》、《南洋象棋专集》等。

谢侠逊被称为"爱国象棋家"，可谓当之无愧。

"生灵荼毒恨无穷，破碎山河鬼火红"，是青年时代的谢侠逊写下的诗句。

"弈棋不忘爱国，爱国结合弈棋"，是谢侠逊的生平宗旨。

早在十三四岁时，谢侠逊就因愤恨八国联军胁迫清廷屈膝求和，而排制了"八国联军"残局，以黑棋八子进逼九支侵略军，以示国耻。

1931年"九一八"事变后，谢侠逊通过上海亚美无线电台致电全球象棋界同仁，痛斥日寇暴行，呼吁主持公理。

发表自制的象棋残局反映政治时局，一直是他以棋为戈的精神风貌的体现。这些残局，都冠以鲜明的题目，如抗战时期发表的《兴中抗日》、《抗战到底》、《严惩祸首》、《扫除丑虏》、《锄奸诛伪》、《最后胜利》,抗战以后发表的《止戈为武》、《内战自杀》、《暴政必败》、《悬崖勒马》等。

抗日战争爆发后,谢侠逊将全家由上海迁回平阳,自己只身前往南京,请缨救国。当时国民政府要派出五位"巡回大使"出使海外,向侨胞宣传抗日,筹募捐款。其中赴欧美的四人已定,他们是胡适、陈树人、萨镇冰、于斌。只有南洋情况复杂,有一定危险,没有适当人选。

谢侠逊闻讯,立即毛遂自荐,要求去南洋。有人劝他:"南洋不比欧美,去那里有生命危险,不如另图报效!"

谢侠逊慷慨地说:"国难当头,何计个人?大丈夫报国有门,虽粉身碎骨,死亦无憾。"

最后,他被委任为南洋巡回大使。临行前,国民政府许多要员纷纷题词鼓励,并亲往南京站送别。

谢侠逊抵达菲律宾后,受到当地华侨的热烈欢迎。到菲律宾时,正值南京失守的消息传来,谢侠逊和侨领商定,当即召开大规模的华侨抗日救亡大会,并亲拟对联一副,高悬会场:"廿年霸越,三户亡秦,抗战奋前途,莫辜负菲岛潮声,岷山蟾影;汉患匈奴,唐遭突厥,古今同劫局,应急效班超投笔,卜式输财。"

会场群情激奋,高呼"坚持长期抗战"、"祖国万岁"等口号,还当场举手表决,一致同意每月捐400万元。

结束了在菲律宾的宣传活动后,谢侠逊来到印尼,在雅加达篮球场举行了一场"救济祖国灾民象棋大赛"。

赛场规模很大,有三宝垄、万隆、雅加达三市的名手参加,会场爆满,观众异常踊跃。在印尼两个多月的棋赛中,共募捐得900多万元,激发了广大华侨的爱国之心。

1938年3月初,谢侠逊来到新加坡,举行了三天三夜的象棋比赛。第一场在"大世界"内,名称为"筹赈祖国伤兵难民赛棋大会"。

在会上,谢侠逊鼓励大家为国捐款,他说:"望橘里贤豪英俊,策马当先,

为救济祖国千百万伤兵难民而出力。"

同时，他还在马来西亚吉隆坡进行了六天六夜的"筹赈赛"、"慈善赛"，造成很大的声势。

谢侠逊这次出使南洋，遍历香港、菲律宾、印度尼西亚、马来西亚、新加坡、泰国、缅甸等地，以棋会友、以棋为戈、呼吁救国、宣传抗战，通过义赛的形式，向广大华侨劝募捐款，一路上风尘仆仆，非常辛苦。

在马来西亚的槟城，谢侠逊曾遭遇汉奸歹徒以枪威胁，逼他停止募捐活动。他严词驳斥、毫无惧色。后因有爱国侨胞的保护，歹徒未敢行凶。

南洋一行结束后，谢侠逊经滇缅公路回国，途中染上疾病，一度生命垂危，被迫在中缅边境的旅馆治疗。由于当地医疗卫生条件很差，一个多月后他才脱离危险。回到云南昆明后，他不顾身体虚弱、旅途劳顿，又抱病举行慰劳前方将士象棋表演大会。

谢侠逊在南洋通过象棋比赛活动宣传抗战，共募得捐款5000余万元，金银珠宝无数。而他自己则俭朴自律，历时两年，除3000元车旅费外，未向国库支取分文。

◎故事感悟

谢侠逊一生淡泊名利，宁凭一技之长，过清贫超脱的普通民众生活。他常以"养廉明耻能增寿，对弈敲吟更健身"自勉励人。他凭借着高超的棋艺为抗日救国运动筹款，这种行为令人敬仰，他的爱国情怀令人钦佩。

◎文苑拾萃

棋王碑林

中国棋王碑林坐落在浙江省平阳县腾蛟镇的卧牛山南麓，是当地人民为了纪念爱国象棋家谢侠逊以及弘扬中国象棋文化而修建的文化设施。在这里，收藏着20世纪各界政要、社会名人、书法家等为谢侠逊先生题词的60块碑。

　　整个碑林占地面积达 1800 平方米，主碑为江泽民同志为谢侠逊百岁寿诞的题词及周恩来同志在重庆与谢侠逊对弈的《共纾国难》残局。

　　此外，中国书法家协会常务理事、《人民日报》社长邵华泽曾为碑林题名，《人民日报》副总编、腾蛟人周瑞金曾撰写碑林题记。近代名流梁启超、于右任、章士钊、李济深、冯玉祥、李宗仁、林森、孙科、张治中等 60 余人，都曾留迹其中。

一瓢棒子面救活五个人

◎损人即自损也，爱人即自爱也，乐人之凶，彼未必凶，己已凶矣。——杨庭显

　　故事发生在1941年9月。那年，抗日战争进入了紧要关头，日寇对我边区军政机关实施"铁壁合围"的囚笼政策。晋察冀军区7000多官兵和机关工作人员，几经周折于9月2日进驻了只有11户人家的深山小村常家渠。

　　7000多人的大队人马在这个村及附近的山沟住了七天，其间，两次突围均告失利，结果吃饭成了最大的问题。在征得老百姓的同意后，他们把附近村庄地里的玉米棒子都摘下来，每个战士每天也只能得到三个棒子充饥。就这样，战士们忍着饥饿艰难地度过了一个小时又一个小时，甚至是一分一秒。村中的老百姓看着战士们挨饿，除了掉眼泪，再也没有别的办法。

　　9月6日上午，16岁的小青年顾廷菊在村子后边的山洼里看到五个饿得奄奄一息的八路军战士，他急忙跑回家，对卧床不起的60多岁的母亲讲了此事。

　　母亲颤抖着说："儿啊，你看罐子里还有多少棒子面！给他们做了糊糊喝吧！"

　　儿子说："那可是专给您留着的啊！"

　　"我已是60多岁的人了，活不长了，还是八路军小战士吃了有用。"母亲说这话时，是一个字一个字地蹦出来的。

　　按照娘的吩咐，顾廷菊把罐子里仅有的一小瓢棒子面煮成糊糊，用罐子提着送到八路军战士身边，一口一口地喂进了危在旦夕的五个八路军战士的嘴里。子弟兵得救了。

　　第二天，部队首长将这五个还不能走路的战士交给了村干部，安排到生

活好一点的老百姓家里，大部队开始突围了。也就是在部队离开常家渠的这一天下午，令人敬佩的顾廷菊的母亲告别了人世。

1992年，当年的晋察冀军区首长回忆录撰写组离开北京赴阜平采访时，首长告诫他们说："到了阜平，哪里都可以不去，常家渠一定要去。那里的老百姓多好呀！他们养育过我们7000多人的队伍。"

是啊，共和国的元勋们没有忘记常家渠的老百姓，我们更不应该忘记顾廷菊的老妈妈。

◎故事感悟

　　顾延菊和他妈妈的所作所为让人不禁潸然泪下，这是多么伟大又朴实的农民啊！宁肯自己饿死，也要把最后一口粮食留给八路军。顾延菊和妈妈都是最值得尊重的人！

◎史海撷英

武汉会战

武汉会战是发生在抗日战争期间的一场大规模战役。

在武汉会战中，有超过100万名国民革命军在蒋介石的领导下，对武汉进行防守，以抵抗由畑俊六指挥的日军。

武汉会战的战场位于长江的南岸及北岸地区，横跨安徽、河南、浙江及湖北四省，进行时间长达四个半月。因此，武汉会战也成为整个抗日战争中持续时间最长、战争规模最大和最为著名的战役。

1938年6月12日，日军波田支队在安徽省安庆登陆，并且很快就占领了安庆，武汉会战由此拉开序幕。9月6日，广济失陷。29日，日军又攻陷了长江的要塞田家镇。

战役一直持续到10月下旬，武汉三镇全部沦陷，武汉会战至此结束。

◎文苑拾萃

晋察冀根据地

晋察冀根据地也被称为晋察冀边区，是抗日战争时期由中国共产党所领导的敌后抗日根据地之一。

平型关战役结束后，在聂荣臻的领导下，八路军第一一五师某部2000多人展开对敌的游击斗争。1937年11月，游击队以五台山为中心，建立了晋察冀军区，创建了第一个敌后抗日革命根据地。

此后不久，日军便组织两万余人进行大规模的扫荡。八路军猛烈反击，歼灭敌人2000余人，粉碎了日军的第一次扫荡，收复了晋东北12个县、冀西20个县和察东4个县。

以后，随着对敌游击战的不断进行，晋察冀根据地也进一步扩大，面积达40多万平方千米，人口达2500万，成为华北地区敌后最大的抗日根据地。

由于根据地地处华北敌人的心脏地带，战略地位非常重要。在八年抗战过程中，根据地军民与日伪军作战达3.2万次，击毙击伤日伪军多达35万余人。

军民相依互救

◎吾之于斯人也，犹兄弟也；其同处于天地之间也，犹同寝于一帐之内也。彼我同乐，彼我同戚，此天地生人之道，君子尽性之实功也。——唐甄

1943年10月，晋察冀边区为避免敌人"扫荡"，保存有生力量，将白求恩学校的学员进行分散。深山村的老百姓家里每户负责一两个学员，要求做到安全、生活好，保证不出任何问题。

段庄乡段村肖福春的家里，住进了一个姓王、一个姓李两位20多岁的女学员。她们住下后，就与肖福春的母亲以亲姐妹相称。母亲告诉刚13岁的肖福春，称学员为姑姑。

不是一家人，胜似一家人。从此，他们一同上山打柴，一同到地里拾黑枣。肖福春的母亲变着法儿地让学员吃黄干粮和小米豆子饭。

为防备敌人认出来，她又给她们换上了自己的破衣服，让她们多吃黑枣，把牙染得黄黄的，还教她们一些方言土语。没几天，这两位学员就和本村的老百姓一模一样了。

1943年的"扫荡"是残酷的，日寇铁蹄村村必到，段村这个极为封闭的深山小村同样没有被放过。

阴历的十月初二，两个日本兵端着枪，闯进了肖福春的家，"八格牙鲁"地叫着，上去就往外拉两个女学员，肖福春的母亲急忙上前一边比画着一边说："她们是我的妹妹，大的是来自娘家，婆家在山西边的铁岭凹。"

鬼子左看看、右看看，看不出一点儿八路的样子，肖福春一手提着个篮子，一边喊着："姑姑！咱们赶快去拾黑枣呀！"

敌人只好悻悻地离开了肖福春的家。

为了保证安全，肖福春的母亲将两个女学员转移到离村五里的山洞里，每天给她们送饭吃，这使两个学员非常感动，她们不止一次地对肖福春的母亲说，你真是我们的亲姐姐。

没过几天，日本鬼子知道段村有八路军的修械所。一天上午，上百名日本鬼子包围了村子，机枪步枪响成一团。幸好修械所早已撤离，11名没有跑出来的老百姓被枪杀，13岁的肖福春刚跑出村外的山崖下，就被鬼子的子弹击中了胳膊，鲜血直流，痛得他晕了过去。

日本鬼子撤退后，两个女学员把肖福春背回了家，给他清洗包扎伤口，还不断地安慰他，肖福春的母亲只是一个劲地哭。

几天后，得知日本鬼子退出了阜平，两个学员决定送肖福春去大台村的白求恩医院治疗。临走前，肖福春的母亲掉着眼泪难离难舍地说："孩子托付给你们了。"

段村离大台村虽然只有十多公里，但高山上全是羊肠小道，非常难走。好走的地方，肖福春自己走；难走的地方，两个学员轮流背着他走。

到了医院，两个学员算是到家了。她们先把肖福春安顿下来，又很快找来了医生。医生在给肖福春的胳膊上夹板时，痛得他一个劲地哭，两个学员一边给他擦眼泪，一边安慰他。

肖福春清楚地记得，手术后的当天晚上，他饱饱地吃了一顿，吃的是从来没有吃过的香油白面片。

几天后的一个上午，两个女学员又领着一个高个子外国医生（傅莱）为肖福春检查，医生看了他的胳膊后，摸着他的脑袋说："没事的，没事的，一定会好的。"

肖福春说，从那以后他经常见到这个外国医生，他总是向他挥挥手、很热情。

在傅莱医生和两位学员的精心照料下，只一个月的时间，肖福春的胳膊就已经痊愈。阴历十一月初三，肖福春在两名女学员的陪同下，回到了家。

母亲看见儿子的胳膊完全好了，高兴得一下子把他拉到怀里，并拉住两个女学员的手激动地说："没有你们的热情关心，我儿子的胳膊怎会好起来呢？"

两个女学员也动情地说："没有你们的细心保护，我们的脑袋也早不知掉到哪里去了！"说着说着，姐妹三个紧紧地抱在了一起。

◎故事感悟

是的，这就是战争年代军民鱼水情的一段佳话。军民相互救助、同舟共济、共渡难关，才有了抗日战争的胜利。抗战的胜利离不开英勇作战的八路军战士们，更离不开千千万万为后勤提供保障的人民群众！

◎文苑拾萃

察哈尔民众抗日同盟军

1933 年 5 月 26 日，爱国将领冯玉祥、吉鸿昌等人在张家口建立了察哈尔民众抗日同盟军。

1933 年 4、5 月，日军越过长城，进逼平津，并侵占察哈尔省多伦、沽源等地。蒋介石坚持不抵抗政策，准备与日军签订停战协定。冯玉祥接受中国共产党的建议和帮助，于 5 月 26 日在张家口通电成立察哈尔民众抗日同盟军，自任总司令，先后响应加入者七八万人。同盟军接受中共河北省前线工作委员会的指导。

6 月下旬，任命方振武为北路前敌总司令，吉鸿昌为北路前敌总指挥，在吉鸿昌的率领下，接连收复康保、宝昌、沽源三县城。7 月 12 日，再克多伦。

对同盟军的抗日斗争，蒋介石始则阻挠破坏，继则武力镇压。日军也同时向察省调动。8 月 5 日，冯玉祥在蒋军及日军的双重压迫下，通电结束抗日军事行动，取消同盟军总部，离开张家口。

　　吉鸿昌、方振武等按照中共河北省前线工作委员会的决定，将队伍转移张北，由方振武出任代总司令。9月转入河北，与蒋介石的军队和日军周旋于昌平、高丽营、大小汤山一带。10月中旬，弹尽粮绝，终于失败。其后，方振武被迫流亡国外；吉鸿昌在天津法租界被捕，在北平牺牲。

卢作孚和他的"爱国公司"

◎天下多男人，尽是兄弟之辈；天下多女子，尽是姊妹之群；何得存此疆彼界之私，何可起尔吞我并之念！——洪秀全

> 卢作孚（1893—1952），原名魁先，别名卢思，重庆市合川人，著名的爱国实业家、教育家、社会活动家。他创办的民生公司，到1949年已拥有148艘江海轮船，投资60多个企事业单位，成为当时中国最大和最有影响的民营企业集团之一。卢作孚青年时便提出教育救国，并为之奋斗。从自学成才开始，先后创建学校、图书馆、博物馆，普及文化和教育，建树颇多。

1893年，卢作孚出身于四川省合川县一个小商贩家庭。他自幼聪慧好学、成绩优异，但因家境贫寒，小学毕业后便辍学了。

就是这样一个只有小学文化的商人，却在日后成为中国航运业中赫赫有名的船王！他所指挥的宜昌大撤退，更为中国人民的抗日战争作出了不朽的贡献。

卢作孚在中国近现代航运业上占有极其重要的地位，华人船王包玉刚曾经说："如果卢作孚还健在，就不会有我今日的包玉刚。"

1925年，卢作孚在家乡合川自筹资金创办了民生公司，开始了实业救国的征程。最初为了购买一艘排水量仅为70.6吨的小轮船，卢作孚几经波折，才在好友的帮助下才凑齐了买船费用。这艘小轮船正是日后掀开川江航运史崭新一页的"民生号"，民生公司也随着"民生号"的起航而诞生了。

民生公司成立以后，卢作孚对企业的经营管理实行了史无前例的经营制

度。在短短的几年里，凭借着科学的管理方法，民生公司开始对长江上游的航运界进行整合。

著名的实业家、银行家吴晋航把卢作孚的兼并业务称为"发展兼并三部曲"：先是以"化零为整，合并经营"的方式统一川江一带的华商轮船公司；然后凭借和四川军阀的交情，兼并了军阀开办的轮船公司；最后他还创造了兼并外国轮船公司的奇迹。

卢作孚一贯讲究经济实效，重视经营管理。他常对员工说："要改变中国的落后面貌，必须学会欧美国家的先进技术和才能，直接使用他们先进的机械设备。"

民生公司是最早安装无线电的华商轮船，民生公司轮船的设备也是最好的。以前往返于重庆、涪陵、合川之间，按照惯例要有四艘船，但是经过卢作孚的巧妙设计，用三条船就可以了，这样既节省了公司的运营成本又方便了乘客。

在卢作孚的带领下，至1937年7月底，民生公司轮船的数量由三艘增至46艘，总吨位达18718吨，职工3991人，资产1215万元，承接了长江上游70%的航运业务，从帝国主义手中夺回了内河的航运权。

抗日战争是中国历史上最伟大的一场民族革命战争，关乎民族命运的每一次转折都充满强烈的悲壮色彩，卢作孚组织的"宜昌大撤退"就是其中之一。

卢作孚几乎以一己之力，完成了一次要靠一个国家的力量、要由一个军事部门指挥才能完成的撤退，为此他赔掉了大半的船队。

随着淞沪抗战的爆发，战争局势变得日益严峻，抢运物资和运送抗战人员成为当务之急。卢作孚亲自组织抢运工作，召集长江上游民生公司的负责人昼夜开会，紧急商讨抢运的方案。民生公司调集了全部船舶以镇江为起点，开始抢运上海、江苏等地的政府机关、科研单位和学校设备。

卢作孚对工作人员说："国家对外战争开始了，民生公司的任务也就开始了。"

公司的员工在"民生精神"的激励下，船队夜以继日地运送抗日健儿出川抗日，并抢运大量物资入川。

1937年11月上海沦陷，国民政府宣布撤离南京西迁武汉，民生公司调派了所有船舶从南京接运政府机关工作人员以及中央大学、金陵大学和江苏医学院的师生、仪器和图书。

截至1937年11月20日，包括芜湖金陵兵工厂的人员和设备在内的"大搬迁"胜利地结束了，"国民政府的大本营"成功地撤往武汉。

1938年秋天，武汉沦陷，大批的人流、物流冒着敌机的轰炸，像潮水般从长江下游涌向原本只有10.5万人口的小城宜昌。当时在长江边堆放了各种大型设备、器材和军用物资，中国所有的重工业和轻工业命脉几乎都集中在这些凌乱不堪、等待急转的货物上了。如果这些物资落入敌手，中国的经济命脉将遭受重创。

更为严峻的问题是，从这年的10月起，长江即将迎来枯水期，上游只有40天左右的中水位。也就是说，这样大的运输量必须在40天之内完成。

当时民生公司能走长江上游的轮船只有24艘，以民生公司当年的运力，将10万多吨物资和数万人运往重庆至少需要整整一年的时间，这几乎成为不可能完成的任务。

与此同时，入侵的日军正在疯狂地向宜昌推进。在民族危急的时刻，一向不愿做官的卢作孚出任国民政府交通部次长，亲自赶往宜昌坐镇指挥战时撤退的运输，召集各个轮船公司的负责人紧急进行磋商，部署撤退计划，提出"军运第一"的口号。

10月24日，第一艘满载货物的轮船离开了码头，此后船队夜以继日地往返于宜昌和重庆之间。日军在不能迅速地攻占宜昌的情况下，开始对宜昌实施轰炸。

虽然每天都有轮船和员工在空袭中受损，但是满载物资和人员的船队仍

顽强地穿梭在波涛汹涌的川江面上……

为了克服枯水季节难以航行的困难，卢作孚想尽了办法，创造了"三段航行法"，把整个运输过程划分三段航行，最大地提高了枯水航运的效率。

40多天过去了，堆积如山的物资已经运走三分之二，所有人员已经被撤运一空。当川江水位低落到不能行船的位置时，另外三分之一物资的抢运任务也宣告完成，喧闹的宜昌城又恢复了往日的平静。此次撤退的各类人员超过150万人、物资100余万吨，民生船队也因此牺牲了117名员工并损失了16艘轮船，民生公司的运力比战前减少一半。

在这场大撤退中，90%运送军用物资的轮船都来自民生公司，而收取的运费却只相当于当时外国轮船运费的十分之一，过低的运费使民生公司在1938年一度出现严重亏损。民生公司被著名爱国将领冯玉祥将军赞誉为"爱国的公司"。

1939年，卢作孚被国民政府军事委员会传令嘉奖，并授予他一等星勋章和胜利勋章。

◎故事感悟

综观中外战争史，这是唯独一次单纯靠民间力量完成的大撤退。中国著名的教育家晏阳初把"宜昌大撤退"比做中国实业史上的"敦刻尔克"。卢作孚和他的民生船队用无私无畏的牺牲精神为全民族的持久抗战提供了物质前提，也为国家的工业建设作出了重要贡献。

◎史海撷英

卢作孚创业初期

宣统二年（1910年），卢作孚在成都参加了中国同盟会，积极参与到反清保路运动当中。

1914年，卢作孚周游上海、北京等地，后来回到故乡，在合川中学任教，并参与编写了《合川县志》。

后来，他又前往成都，并相继担任成都《群报》、《川报》的编辑、主笔和记者。1919年，卢作孚接任《川报》的社长兼总编辑，积极投身于五四运动当中，并参加了李大钊等人组织的少年中国学会，主张"教育救国"。

1921年，卢作孚任泸州永宁公署教育科长，积极开展以民众为中心的通俗教育及新教育试验。后来由于四川军阀混战爆发，卢作孚的这一计划也在中途夭折。

1924年，卢作孚又前往成都，创办了民众通俗教育馆，并担任馆长。在这期间，他集中了成都各种工程技术人才及文学艺术专家，让他们在教育馆担任职务，充分发挥自己的聪明才智。

可惜的是，教育馆红火一阵，又重蹈川南教育实验的覆辙。由此，卢作孚产生了"实业救国"的想法。而这一切，又以交通运输业为"各业之母"。

1925年秋，卢作孚弃学从商，奔回合川，创办了民生实业公司，准备以办轮船航运业为基础，兼办其他实业，并将实业与教育结合起来，促进社会改革，以便可以达到振兴中华的目的。

◎文苑拾萃

卢作孚创立的实业与机构

在创立了民生实业公司后，1927年8月，卢作孚专门从上海聘请了丹麦工程师宇尔慈，以设计投资修建北川铁路。

在克服了重重困难后，总长18公里的北川铁路于1935年3月全线通车，此后便常年穿行于当时属于江北县与合川县界的文星乡与戴家乡境内（今北碚天府矿区），成为了四川省内的第一条铁路。

1930年3月，卢作孚派人打制了几尊菩萨，将火焰山东岳庙上殿改建为博物馆。在蔡元培、黄炎培、翁文灏等人的大力支持下，于同年9月成立了中国西部科学院，卢作孚任院长。随后，卢作孚又设计成立了地质、生物、理化和农林等研究所。

1930年10月，三峡染织工厂（即后来的大明织布厂、重庆绒布总厂）便由

峡防局工务段改组成立，卢作孚担任工厂的董事长，该厂也成为四川省第一个机械织布厂。

1933年，卢作孚又奔赴各地，最终成功促进北川铁路沿线的五个较大的煤厂合并，创建了天府矿业公司。

在抗日战争期间，卢作孚又与"煤油大王"孙越崎一起促成了天府煤矿与河南中福煤矿公司的合作，自此，天府矿业采用了矿灯照明与绞车提升，设备、器材和技术等均有大幅提升，煤炭产量也大大提高，为抗日战争时期的重庆作出了重要贡献。

束云章与豫丰纱厂

◎有无相恤，患难相救。——洪秀全

> 束云章（1887—1973），初名土方，小字绍先，字云章，晚年自号疏斋老人，江苏丹阳人，祖籍安徽合肥。束云章是中国银行业、金融业的主要奠基人。

1915年，经由推荐考选，束云章进入北京中国银行，任职于总管理处。

当时中国银行实行的人事制度模仿英国银行，年资及考核定得十分严厉和呆板，但这也可磨砺出坚毅沉着的良好品质。

束云章干练有为，治事一丝不苟，虽然毫无背景，但凭借个人治事勤能、果决明快的作风，在当时金融界很快脱颖而出。35岁时，束云章出任张家口分行行长，后任秦皇岛分行行长、郑州分行行长、汉口分行副行长。

1929年，束云章出任天津中国银行副经理，主持发行业务。他主张金融业要扶持工农生产、创造发展。在他的推动下，天津中国银行创办合作社，进行合作贷款，推行改良棉种，"创全国银行与农村社会直接接触之先河"；扶持天津宝成，河南卫辉、华新，山西晋华、晋生、雍裕等纱厂，使其能振弊起衰，并接办郑州豫丰纱厂等。

接办郑州豫丰纱厂，使束云章得以在实业方面一显身手。

郑州豫丰纱厂是20世纪20年代中国四大"棉纱大王"之一的上海资本家穆藕初于1919年4月集资兴建的。1920年5月正式投产，占地96亩，有纱锭1万枚，工人4000余人。曾是中国规模最大、设备最先进的纱厂之一。

　　"九一八"事变后，华北地区民族工商业经营的纱厂大都陷入困境，当时的郑州豫丰纱厂欠中国银行贷款400余万两银资。

　　为维护中国银行的利益，并考虑豫丰创办不易，束云章建议总行与穆藕初商量，由中国银行信托部收购该厂股票，协助管理。束云章同时拟订了接管办法和继续投资50万两银资的建议。

　　1934年3月27日，以郑州豫丰纱厂为一方、天津中国银行与美商慎昌洋行组成的债权团为另一方，订立租厂合同，豫丰纱厂改名为豫丰和记纱厂，由天津中国银行经营。天津中国银行经营郑州豫丰和记纱厂后，委任束云章为豫丰纱厂总经理，天津支行副经理职位不变。

　　束云章接手豫丰纱厂后即开工生产，对原任厂长予以信任，对厂里原有的主要管理层人员亦予以留任。他还多方奔走，广招全国纺织行家，并高薪聘请严庆祥出任豫丰和记纱厂厂长。

　　1937年抗日战争全面爆发后，中国银行决定随国民政府西迁。束云章一方面代总行主持华北各分支行撤退事宜，一方面布置将豫丰和记纱厂5万余纱锭全部迁往重庆。

　　1938年3月5日，豫丰和记纱厂宣布停工迁厂。拆卸包装的机器设备约8000余吨，其中大小机箱11.7万余件。厂方为顾及迁厂不至延期，发给了工人部分生活费。10余万箱机件从郑州运到汉口，然后装船至沙市、宜昌，再溯江而上。

　　在整个搬迁过程中，由于日机轰炸，加上当时正值长江秋冬季节的枯水期，水位低落、滩多险急，许多船只触礁沉没。到达重庆时，机器设备损失550余吨，5万余纱锭剩4万余锭，300部布机沉入江底。据统计，豫丰和记纱厂迁川及遭受轰炸的损失共为363万美元。

　　豫丰和记纱厂迁到重庆时，因中国沿海各城市均被日军占领，大后方的物资供应已日益紧张。豫丰迁川后，中国银行董事长宋子文、豫丰董事长卜白眉等人迫切希望纱厂尽快重建开工，以生产后方急需的纺织品。

　　1939年8月，豫丰在嘉陵江边搭起临时工棚，安装5000纱锭，进行简易生产。同时，他们加紧新厂筹建。束云章下令工厂日夜赶工，并亲自监督，许多事情都亲力亲为。

当时因物价上涨，法币已出现贬值现象；承包商见无利可图，便消极怠工，影响了工程进度。对此，束云章决定对建筑承包商提出工料补偿的办法，使他们也有利可图。

1939年年底，1.5万纱锭装置完工，1940年元旦开工。之后他们又陆续装置1.5万纱锭。到1940年6月底，基本恢复5万纱锭生产规模，厂名改为郑州豫丰和记纱厂重庆分厂。

当时，日军飞机不断轰炸重庆。为避免被日机轰炸造成的损失，豫丰和记纱厂将其中1.5万纱锭迁至四川合川县东津坨设立合川分厂。

1940年11月，豫丰和记纱厂又在重庆设立了纺织机器配件厂，负责豫丰重庆分厂的机械修理和制造，由重庆分厂统一管理。在束云章等人的努力经营下，郑州豫丰和记纱厂重庆分厂的生产经营情况不断好转。1941年与1940年相比，资本额由126万法币增加到1470万法币，年产量由6602件增加到10896件，利润由172.5万增加到1064.9万，成为大后方首屈一指的纺织工厂。

抗战时期，中国西北地区工业萧条，无法满足战时军需和民用物资的要求。国民政府内迁后，决定开发西北大后方。

1939年11月，束云章被委任为中国银行甘肃天水分行经理，分管陕西、甘肃、宁夏、青海、新疆五省银行业务，兼及河南局部、湖北襄樊等地，并筹办雍兴实业股份有限公司，仍兼任豫丰总经理。

1940年，雍兴实业股份有限公司成立，主要经营棉纺织业。由于资本雄厚，雍兴公司在短短两三年内，就在陕西的西安、咸阳、宝鸡、蔡家坡、虢镇和甘肃的兰州等地先后经办了13个厂矿企业。它们是：

陕西蔡家坡纱厂，纱锭2万枚；

蔡家坡酒精厂，日产酒精1000加仑；

蔡家坡机器厂，置设备300部；

陕西陇县煤矿，日产煤450吨；

兰州面粉厂，每日制面1500袋；

兰州毛纺厂，自行纺织与漂染；

兰州化工厂，设玻璃、肥皂、制药三分部；

兰州机器厂，置设备50部；

四川广元酒精厂，日产酒精500加仑；

长安印刷厂，置平板印刷机及铸字设备；

此外，还有长安制革厂、陕西虢镇业精纺织厂、雍兴高级工业职业学校（设纺织、机械两科）。

以上企业和学校的资金，都来自中国银行。它们既生产军需物资，又提供民用所需。

雍兴实业股份有限公司还与湖北省合作，将张之洞创办的武昌纱布局迁至陕西，创立咸阳纱厂，加上战前中国银行天津分行曾投资的咸阳及灵宝机器打包厂，三厂均由雍兴实业股份有限公司代管。

此外，还在西安设立火柴厂，供应西北诸省；1943年，又与当时的新疆省政府合办，成立迪化纺织厂。

雍兴实业股份有限公司还拥有货车数百辆，对外称西北运输处，促进了战时后方的物资运输和流通。

除了资源委员会主办的工矿企业外，雍兴实业股份有限公司还是抗战时期西北最大的企业。

据其助手吕凤章回忆："云公于抗战期间除主持雍行和雍兴业务外，在重庆以豫丰纱厂为中心，也有很多业务。他的时间分配在西安与重庆各半，每次他到西北，对已有业务固然有很多指示与改进，也常策划新事业。"

◎故事感悟

束云章本着"金融扶植实业，工业支持抗战"的坚定信念，以发展民族工业为己任、不畏艰辛，在工业基础极其薄弱的西北建设现代企业，为支持抗战、开发大西北作出了巨大贡献。束云章对祖国、对人民所作的贡献将永远被人们牢记！

◎史海撷英

束云章"公诚勤敏"的立身处世

束云章终身服务于中国银行，一生对纺织和机器两业投入最多。说起来，并非个人因素，实与当时民族工业的步履维艰不无关系。从历史的脉络看，中国早期南北开设的诸多银行，"很少懂得生产事业，也无挹助实业的业务"。

直至20世纪30年代前后，"上海商业储蓄银行和中国银行合组银团放款挽救申新纱厂，使其复兴，开端之后，才步入了金融业协助大工商业的正轨，发挥了鼓励及挹助实业的作用"。

这正是束云章金融实业报国的起始，并于此一发而不可收，对中国纺织业产生了深远的影响。

在熟识束云章的友人看来，束之所以深得高层信任和支持，在事业上蔚为大观，不仅在于其对理想或信念的身体力行，还有更重要的一点，就是一生坚持"公诚勤敏"的立身处世原则，"在任何时代，任何环境中，都保持着自己的人格，从不攀权附贵。……身上看不到一点市侩习气"。

早在京师大学堂求学时，束云章因仗义执言，得罪校方。逊清遗老商衍瀛对其既赏识又有微词：一切都好，就是嘴上不饶人，将来做人处事，如不痛自敛抑，必吃大亏……束云章认为这位提调大人的话很对，可就是无法改变自己"耿介而不随分"的性格。

"煤油大王"孙越崎

◎天下总一家，凡间界皆兄弟。——洪秀全

孙越崎（1893—1995），原名毓麒，浙江绍兴平水铜坑（现平江镇同康村）人。孙越崎是著名的爱国主义者、实业家和社会活动家，是中国共产党的诤友，也是我国现代能源工业的创办人和奠基人之一，被尊称为"工矿泰斗"。他曾在中华民国政府孙科内阁任行政院政务委员兼资源委员会委员长、何应钦内阁任经济部长等部、会首长。1950年后，成为中华人民共和国的民主党派中国国民党革命委员会的重要成员，第五至七届全国政协常委。

在父亲的影响下，孙越崎自幼胸怀科技救国的大志，求学上进。1915年，日本提出灭亡中国的"二十一条"，他愤而改名为越崎，示意中国要"越崎岖而达康庄"。1919年的五四运动，孙越崎作为北洋大学学生会会长，因支持北平学生爱国运动而被学校开除，后转入北京大学矿冶系学习。

1924年年初，孙越崎参加创办中俄官商合办的黑龙江穆棱煤矿。1929年，他去美国留学，先后在斯坦福大学和哥伦比亚大学研究生院深造。他不求学位，只想多学科学知识和办矿本领，为祖国效劳。1932年秋，他学成后取道欧洲、苏联回国，沿途用心考察工矿企业，颇有收获。

1932年年底，孙越崎回国来到南京，担任国防设计委员会的专员兼矿室主任。1933年，他去津浦、陇海铁路沿线调查煤矿，同年又到陕北实地调查、勘探陕北石油开发的可行性。

当时，陕北不通公路，孙越崎一行只能靠骑马、骑毛驴在黄土高原上颠簸。他们风餐露宿地走了近千公里，发现陕北几个县都有油苗，有条件进行钻探。得到他们的报告后，国民政府下决心开发陕北的石油。经与陕西省政府商定，在国防设计委员会下面成立陕北油矿勘探处，任命孙越崎为处长。

1934年4月，孙越崎亲自押运陕北油矿勘探处订购的钻机、钻头等设备，从上海出发用火车运到石家庄，再转运到太原，随后改用汽车从太原、汾阳运到黄河边的宋家川，以后再趁黄河涨水，用木船将这些设备送到黄河对岸的延水关。

一路行程，由于天气炎热、路况很差、找船困难，已是辛苦异常。到了延水关，通往延川县的道路，汽车无法通行。孙越崎下决心化整为零，将机器拆开来用牲口驮，100多公里的路程走了57天，终于将设备送到目的地。

孙越崎迅速组织起油矿钻井队开始探油、采油工作。他与职工们一起摸爬滚打，既当指挥、教员，又当工人。在他的带领和努力下，不久，中国人第一次自己打出了石油。

1934年年底，孙越崎被派去整顿长期亏损的中英合资河南焦作中福煤矿，担任总工程师、总经理，兼任焦作工学院校董会董事长。当时中福煤矿提供焦作工学院70%以上的经费。

他一方面注重解决学校的实际问题，另一方面在对学生演讲中经常宣传工矿事业对国家建设的重要意义，还组织全体师生军训并进行军事演习。孙越崎针对中福煤矿存在的弊端，采取了几项切实可行的措施，并很快收到成效。1935年，这个多年亏损的煤矿，实现了四个100万的目标：生产、运输、销售煤炭各100万吨，赢利100万。

抗日战争全面爆发后不久，华北铁路沿线的几个大煤矿都沦入敌手。战火迅速蔓延到河南地区。孙越崎考虑到便于固守的内地缺乏大型煤矿，难以支撑抗日战争的需要，决定将中福公司的机器设备迁往内地。

听说此事后，中福公司的几个董事来找孙越崎，态度非常严肃地说："我

们听说您在拆迁机器去汉口，这是我们河南的财产，不能拆走。"

孙越崎向他们解释说："这次是对日抗战，非以往的内战可比。现在有三条办法：一是不拆不迁，则敌人可用而我国不能用；二是完全破坏，则敌我都不能用；三是拆下运走，另在后方找矿区，则敌人不能用，而我国可以用。"

他同时说明拆走的器材产权仍属他们，在后方采矿所得利润也归他们。董事们被说服了，同意拆迁。

英国中福公司的代表贝尔也反对拆迁，他说："英国与日本是友邦，日本人来了，不会损害英国人的权益。"

孙越崎说："日本是你们的友邦，但是我们的敌人，我们不能允许敌人利用这些设备来反对我们，一定要拆走。"最后贝尔请示伦敦董事会，才同意了拆迁。

随后，孙越崎组织员工日夜不停地拆运设备，终于在日军占领焦作之前，将中福煤矿的设备、器材共计7000多吨以及1000多名员工家属抢运到湖南的湘潭，准备在那里开办煤矿。

不久，战火蔓延到武汉外围地区，湖南行将不保。他得知国民政府准备西迁重庆后，马上又组织力量将这些设备和员工家属辗转向四川转移。

那时日机狂轰滥炸、交通工具严重缺乏，中福煤矿的设备运到汉口，找不到可以装运设备的船只。幸亏有民生轮船公司的董事长卢作孚鼎力相助，才得以把这些笨重的设备和人员运到四川。

在四川，孙越崎相继开办改建了年产50万吨的天府煤矿和其他三个年产40万吨的嘉阳煤矿、威远煤矿和石燕煤矿，其产量占抗战期间四川煤炭总产量的50％以上。

中福煤矿是中国在抗战中拆迁到后方的唯一大型煤矿，在四川迁建了四个煤矿，对抗战后方原有工业和上海的迁川工厂及民用煤炭的供应作出了贡献，并为四川近代化煤矿的发展起了带头示范的作用。后来中福公司英方代表贝尔说："如果我们不跟着中国政府迁川，今天我就在山东潍县集中营，哪有现在的自由自在呢。"

同时，孙越崎还主持了焦作工学院内迁。他亲自安排运输，将全校师生和教学设备、图书、仪器、标本及所需物品全部迁往后方，并在此基础上组建了西北工学院，为中国工矿事业培养了大批优秀人才。

抗战前，中国石油全部依赖进口；抗战爆发后，港口被日军占领封锁，油源逐渐断绝。1938年，国民政府决定在甘肃省玉门勘探石油，经济部长兼资源委员会主任翁文灏与中共重要领导商量从陕北油矿调两台钻机支援。

1939年3月，国民政府在玉门成功地打出了石油。随着日军的不断进攻，后方油荒日益严重，汽车只能靠木炭发动。当时国民政府强调节油，提出了"一滴汽油一滴血"的口号。

1941年3月，资源委员会正式成立甘肃油矿局，调派孙越崎任总经理。

玉门油矿位于祁连山北麓的戈壁滩上，海拔2400米，遍地沙砾、环境恶劣。孙越崎根据当地的实际情况，将油矿局机关设于重庆，专办财务与购买设备。在玉门设矿场和炼厂，派严爽和金开英负责，自己则两头奔波。冬、春在重庆，夏、秋在玉门。孙越崎从美国聘请了钻井、采油、炼油等方面的工程师，就地培养青年职工，提高了工作效率。

1941年4月，玉门出现大油层。太平洋战争爆发后，甘肃油矿局从美国订购的石油设备大部分在缅甸仰光被炸毁。危急时刻，孙越崎立即组织设备的设计，并在重庆大后方收集原材料，让上百家企业赶制石油炼油设备，发送到玉门。

为提高开采技术，甘肃油矿局于1943年成立了技术委员会。其主要任务是审查生产技术改造、创造发明、指导技术改进，还采取措施奖励技术创造。

在孙越崎的努力下，玉门油矿的生产不断上升，技术水平不断提高，年产原油达8万吨、年炼油能力10万吨、生产12种油品，产量占全国的90%以上，很快缓解了战时油荒，有力地支援了抗日战争。

1942年8月，国民党首脑亲自前去玉门油矿视察，对在偏远荒凉的西北

内陆短时间能建成新兴石油产业大加赞赏。

1942年11月，在兰州召开的中国工程师学会第十一届年会上，为开发玉门油矿成绩卓著的孙越崎颁发了金质奖章。这也是继凌鸿勋、侯德榜、茅以升之后的第四位金质奖章的得主。

◎故事感悟

孙越崎不仅是一名有智慧头脑的科学家，而且还是一名关心祖国安危、心系劳苦大众的爱国实业家，在石油事业上，他对祖国对人民所作出的贡献，对后来我国石油工业的发展有着十分重要的意义！

◎史海撷英

玉门石油城

1941年12月，太平洋战争爆发，孙越崎率领郭可诠、潘志甲、邹明等人，从重庆来到玉门。

孙越崎刚一到玉门，就冒着严寒详细地察看了矿区各个生产现场，最后组织大家讨论。他见大家情绪高涨，便宣布：1942年要生产180万加仑（约合5000多吨）汽油。这个目标要比1941年提高9倍。如果这一目标得以实现，将对我国抗日战争期间的严重油荒起到极大的缓解作用。

玉门油矿地处戈壁，生产设备、生活给养等都需要从内地运输。对运输线路，孙越崎十分重视，经常到各运输站点去了解检查。

1942年11月中旬，经过孙越崎与全矿员工的苦干，180万加仑的汽油生产目标最终得以实现。在庆祝大会上，员工们将孙越崎高高地抛向空中，一起发出响彻山谷的欢呼声。

孙越崎很清楚，要想让玉门油矿进一步发展，就必须要有出色的人才。因此，他除了着重培养技术人才外，还在矿上招收学校教员、会计文书、铁工、木工、泥瓦工、裁缝、理发师、酿造师等等。各行各业人员的加入，也让玉门油矿发展成了一个小小的社会。

1942年，在孙越崎的倡议下，玉门油矿还增设了总务处，并聘请农业技术专家，倡导大家一起种地种菜，戈壁滩上很快就出现了菜园、果园等。

从此，员工们不仅能在荒凉的戈壁滩上吃到新鲜的蔬菜瓜果，还能吃到自己本地产的牛羊肉、鸡蛋和牛奶等。

后来，孙越崎还相继在戈壁滩上办起了面粉厂、福利社等。另外，还开办了鞋店、布店、豆腐店、酱房、油房、食堂、点心铺、缝衣店和中西药房等，使曾经荒无人烟的戈壁滩发展成为一个小城市。

"实业大王"刘鸿生

◎兄弟姊妹皆是同胞，共一魂爷所生，何分尔我，何
分异同？——《天情道理书》

刘鸿生（1888—1956），中国近代实业家，名克定，祖籍浙江定海。刘鸿生早年在上海圣约翰大学肄业。抗战胜利后，任国民政府行政院善后救济总署执行长兼上海分署署长、轮船招商局理事长等职。中华人民共和国建立后，刘鸿生历任上海市人民政府委员、华东军政委员会委员、中国人民政治协商会议全国委员会委员、全国人民代表大会代表、全国工商业联合会常务委员、中国民主建国会中央常委等职。

刘鸿生是旧中国著名的"实业大王"。早年他曾在上海圣约翰大学求学，初入社会是在英商的开平矿务局做小职员，后来做了多年买办，积累了一些资本。

他说："中国之所以受气，是因为没有工业，没有科学。"因此，他就想利用口袋中的现钞为人民做点事。

这位旧中国的"实业大王"在那个民族资本苦苦挣扎的年代，先后创办过十几家企业，均以"大王"闻名于上海滩。

在抗日战争时期，他又积极投身于抗战，在后方艰辛办厂，为稳定抗日军民生活作出了巨大的贡献。

刘鸿生出身上海一个商人家庭，其祖父刘维忠在上海宝善街开设过丹桂茶园，父亲刘贤喜为国营招商局买办。刘鸿生早年接受过私塾教育，后进入圣约翰大学读书。大学期间，父亲突然病逝，家道因此中落，但是他凭借优异的学习成绩屡获学校奖学金，以奖学金代缴极其昂贵的学费后，还有余钱

补贴寡母辛苦支撑的十口之家。

18岁时，刘鸿生被校长看中，被保送去美国留学。校长想把他培养成一名合格的牧师，但是却遭到刘鸿生的拒绝，校长生气地将他赶出了学校。

离开圣约翰大学后，刘鸿生凭借一口流利的英语，在公共租界巡捕房当了翻译。尽管翻译的薪水有100银元，但刘鸿生清醒地认识到，要实现承继祖业、经商发家的夙愿，最有效的途径是借助外商企业。刘鸿生便开始寻找新的机遇。

功夫不负有心人，他得到父亲生前好友、上海宁波同乡会会长周仰山的帮助，被推荐做了英商开平矿务局上海办事处经理考尔德的"跑街"，月薪100银元，此外经手卖出的煤还另有佣金。从此，他跨进了煤炭事业的大门。

"跑街"对于年仅20岁的刘鸿生来说，既是增长才干的好机会，又能帮助他实现借助外商以求发展的目标。

精明能干的刘鸿生，干此行竟是如鱼得水，跑得勤快，又肯动脑子、善于钻研生意经。他信守"处处为用户着想"的原则，按质论价、坚守信用、保住老户、开辟新户、保证供应等等。开平煤销遍上海，他的佣金如滚雪球般增加。

三年后，刘鸿生升任英商开平矿务局上海办事处买办。后来他又坐上了开滦矿务总公司买办的交椅。

刘鸿生深知机遇难得，应抓住机遇牢牢不放，然后再不断发挥聪明才智、付出努力，一步步走向成功。为便于经销煤炭，刘鸿生又经营起码头堆栈业，形成了一个较完整的开滦煤供应网。不久，第一次世界大战爆发，西方列强无暇东顾，刘鸿生利用这难得良机，将开滦煤年售量猛增至250万吨高峰，而他本人的年收入也升至百万。

刘鸿生不愧为"天才实业家"。从20世纪20年代起，他开始崇尚实业救国，投身于民族工业的振兴，先后投资经营火柴、水泥、毛纺、煤矿、码头堆栈、搪瓷、保险、银行和企业大楼等，形成了一个集轻重工业、运输业、商业、金融业于一体的颇具远景、规模巨大的企业集团。

刘鸿生也由原先的开平煤矿的买办转变为著名的民族资本家，被誉为"火柴大王"、"水泥大王"、"毛纺业大王",成为"宁波帮"黄金时代"江浙财阀支柱"中的佼佼者,成为名副其实的"实业大王"。

1937年"八一三"事变后,日军占领上海,租界成了"孤岛"。刘氏企业大都在租界外,被日军占据。

在这危急关头,住在租界里的刘鸿生毅然担当起中国红十字会总会副会长、上海市伤兵救济委员会会长和上海市抗日救国物资供应委员会总干事的重任,"每天必到,事必躬亲,办事认真,一丝不苟"。

他还组织了刘氏企业伤员救护队,并动员子女参加"八一三"淞沪抗战爱国后援工作。他的煤业救护队,干得最有声色。

此时,上海水泥公司因遭日机轰炸,被迫停工,但刘鸿生仍然勉力供应抗日军队的军需水泥。

刘鸿生还募购救国公债1万,以红十字会名义从物资上支持,做好了各种伤兵运送的安置工作。

日本侵略者侵占上海后,刘氏企业绝大部分被日军占领。刘鸿生最初放不下自己的那么多企业,不愿意离开上海。后来他被威胁出任伪上海市商会会长,不得已的情况下,在一个夜晚,刘鸿生脸上遮着羊毛围巾、带着一个小皮箱,悄悄登上英商"太古"轮,出走香港。刘氏在沪的所有产业皆被日军以"敌产"接管,财产损失达1000万以上。

身在香港的刘鸿生决心"实业救国"。于是,他积极部署在港、渝、川东创办火柴厂、毛纺织厂、火柴原料厂,并布置"偷"拆在沪刘氏工厂的机器零部件。

当时西南大后方经济异常落后、物资匮乏,急需能人来打开工业生产局面。刘鸿生素与孔祥熙相熟,孔祥熙便推荐了刘鸿生。

1939年,刘鸿生由香港飞往陪都重庆。他首先在重庆和长寿两地筹建了中国毛纺织厂和中国火柴原料厂。

1938年7月8日,他又亲赴广东、广西、贵州、云南及四川等地考察,准备投资建厂。

此外,他还让四子刘念智负责章华毛纺织厂的拆迁工作,布置"偷"拆在沪刘氏工厂的机器零部件。偷运出来的纺、织、染等相关器材共500余吨，经过装箱，由香港经仰光转运重庆。

然而，由于交通阻塞，器材运到仰光后滞留了将近一年，始终无法运回国内。尽管刘鸿生想方设法弄了几张"委员长手谕"，仍是无济于事。万般无奈之下，他只得再派刘念智飞往仰光，亲自办理转运。

与此同时，应刘鸿生召唤，刘氏企业的纺织工、挡车工、机修工等各种熟练工人也纷纷不远千里、艰苦跋涉来到大后方，只等机器设备一到，安装了就可开工。

后来，上海500吨旧机器终于运到了四川，另外的机件也拼凑起来。工人有了，厂房也有了，只等资金了。几经战乱，刘氏企业确实已拿不出钱了。刘鸿生不得不仰赖国民党政府及官僚资本的支持。每一次增资，刘氏企业的资本就被削弱一次，各个公司的董事长都由四大家族的要人担任，结果刘氏企业的所有资产等于白白奉送给他们。

刘鸿生仰天长叹："蒋委员长要赔偿我1000万，原来是这样一场戏呀！我这个昔日上海的大老板，如今倒成了他们的小伙计啦！"

挣扎了一阵子后，刘鸿生想既然已入四大家族彀中，只好束手就范。他继续奔走于大西南和大西北，为稳定抗日军民的生活作出了贡献。

抗战胜利后，刘鸿生返回上海，艰难恢复、重整原有的企业，并有所扩展。但在外货大量倾销、通货恶性膨胀、金圆券巧取豪夺中，刘鸿生绝望地看着所属的企业或减产或停工。

1949年4月，刘鸿生被迫远走香港，后来在中国共产党领导人的感召下，毅然返回大陆。

全国解放后，新中国施行的各项政策使刘鸿生下定决心全力拥护共产党。1956年初，价值2000多万的刘氏企业实行了公私合营。

◎故事感悟

刘鸿生不愧为爱国实业大王，他凭借着对商业的天赋和一颗爱国之心为抗日

的后勤生产作出了巨大贡献。可以说，抗战的胜利有他的一枚勋章。新中国成立后，刘鸿生又为新中国的建设贡献力量，可谓一生都为祖国鞠躬尽瘁。

◎史海撷英

五四运动后的刘鸿生

1919年，五四运动在全国爆发。全国上下一致提倡国货，抵制外货，从而使民族工业得到了进一步的发展。

1920年1月，刘鸿生响应国家的号召，在苏州与他人合伙创立了华商鸿生火柴公司。这也是刘鸿生的资本向工业企业转折的起点。

此后，刘鸿生又独立投资，或者与他人合资，相继创立了华商上海水泥公司、中华煤球公司、大华保险公司、华丰搪瓷公司、章华毛绒纺织公司、中华工业公司、华东煤矿公司、中国企业银行等企业。

截至1931年底，刘鸿生的企业投资已经高达745万余元，被称为中国的"煤炭大王"、"火柴大王"。

1932年11月，刘鸿生又出任国营轮船招商局总经理。

"工业先导"范旭东

◎爱而无私，上下有章。——《国语·鲁语下》

> 范旭东（1883—1945），湖南湘阴县人，出生时取名源让，字明俊，后改名为范锐，字旭东。他是中国化工实业家，中国重化学工业的奠基人，被称作"中国民族化学工业之父"。

20世纪初，中国社会制度变革，政权更迭，军阀混战，民生贫弱。此时，一批有文化、有胆识的实业家正在苦心经营着自己的事业。他们奠定了中国近现代民族工业的基础，其中就有中国化学工业奠基人——范旭东。

1900年，范旭东跟随哥哥范源濂东渡日本求学。高中读完后，他考入日本冈山第六高等学堂学医。

在此期间，范旭东虽然备受屈辱，但同时他也看到，日本的强盛与明治维新以后工业和科学技术的发展有着密切的关系。从此，范旭东便立志要走工业报国、科学报国的道路。

1908年，范旭东考入京都帝国大学理学院应用化学系。毕业后，范旭东留校工作一年，在此期间潜心进行科学研究。

辛亥革命胜利后，满怀报国之情的范旭东回到祖国，先是在财政部工作，后来因不堪官场的腐败，愤然辞职。

1913年，在教育部工作的兄长范源濂为范旭东争取到了一个去欧洲考察

盐碱工业的机会。

在欧洲经过一年多的考察，范旭东领略了西方的工业文明，他特别还仔细地研究了各国的制碱方法和设备。

那时，制碱工业被少数几个大企业垄断，制碱的方法也是各个企业的秘密，在英国卜内门碱厂参观时，傲慢的主人嘲弄道：你们看不懂制碱工艺，还是看锅炉房好了。

这深深地伤害了范旭东的自尊心，同时也更加激发出他要立志开创民族制碱工业的决心。

1915年夏，范旭东在塘沽创办了中国第一家专门从事精盐生产的久大精盐公司。1918年，"久大"已经发展成为国内颇具规模的近代化工厂。

与此同时，范旭东也开始了对制碱工业的尝试，1917年，在范旭东的带领下，他们试制出了9公斤的纯碱。

1920年5月，范旭东在天津塘沽创办了中国人自己的第一家制碱企业——永利制碱公司。

1926年，永利的"红三角"牌纯碱获得美国费城万国博览会金质奖章，结束了"洋碱"在中国市场的垄断地位。

在企业的创办过程中，范旭东遇到了很多意想不到的困难。为了多方面发展民族工业，他尽量与国内的机器制造厂家合作，自己制造机器设备。

要想在制碱技术上打破外国人的垄断，就必须拥有自己的研究人员和研究室。1922年，范旭东在原来"久大"实验室的基础上创办了黄海化学工业研究社，该社除为"久大"、"永利"两企业提供技术外，还从事理论研究和资源调查，对盐卤、轻金属、肥料、细菌学等方面的研究皆有成就。这是中国私人企业中设立的第一个化工研究机构，由此奠定了中国民族化学工业生产与研究的基础。

范旭东深知，创办实业，人才是基础。他从国内外广泛搜罗志同道合的人才，以他的人格魅力，吸引了一大批专业技术人员共同创业。

1917年，东吴大学化学硕士陈调甫在实验室用苏尔维法研制纯碱成功，后又进行工业性小型试验，获得满意效果，于是和几位友人准备在苏州创办碱厂，但由于资金难以筹措而停顿。

1917年冬，陈调甫北上塘沽与范旭东合作创办永利制碱公司，共同为中国的制碱业而奋斗。他利用范旭东提供的场地建造了一套小型设备，经过反复试验，终于生产出纯碱，为创办碱厂奠定了基础。

侯德榜是福建闽侯人，早年考入清华大学留学预备学堂高等科。1916年获美国麻省理工学院化工专业学士学位，1919年获美国哥伦比亚大学制革硕士学位。

此时，陈调甫受范旭东委托到美国采买设备并物色人才，认识了侯德榜，回国后他即向范旭东推荐。

1921年春天，侯德榜正在准备博士论文的答辩时，接到范旭东邀他毕业后到永利制碱公司工作的信函，信中详述了自己工业救国的远大抱负，还提到陈调甫对侯德榜的竭诚推荐及祖国的制碱事业，以及自己对侯德榜的热切希望，欢迎他学成归来为创办祖国的碱业与自己共同奋斗。

范旭东真诚恳切的态度深深打动了侯德榜的心。毕业后他放弃了在美国的优越生活条件，放弃了自己的制革专业，来到天津塘沽永利碱业公司出任总工程师兼制造部部长。经过无数次的试验，侯德榜终于掌握了苏尔维制碱法的各项技术要领。

1924年，永利厂生产出"红三角"牌纯碱，日产180吨。在同范旭东达成共识的情况下，侯德榜把制碱法的全部技术和自己的实践经验写成《制碱》一书，于1932年在美国以英文出版，揭开了苏尔维制碱法的秘密，打破了纯碱制造技术垄断的局面。

"七七"事变爆发后，永利碱厂迁到大后方。来到四川，生产碱的原料由海盐变成井盐，盐的浓度发生了变化，同时苏维尔制碱法本身存在着原料利用率不高的缺陷，侯德榜等人决定放弃苏维尔法，寻找新的制碱方法。

为此，他们进行了500多次试验，分析了2000多个样品，终于研究出"联合制碱法"，使盐的利用率从原来的70%提高到96%，还可以减少三分之一的设备，其优越性大大超过了苏尔维制碱法，对世界制碱工业作出巨大贡献。

范旭东和李烛尘的合作始于1918年。李烛尘曾在东京高等工业学校学习电气化学专业，经人推荐结识了范旭东。

范旭东发现了他的管理才能，便任命他为"久大"厂的厂长，并参与永利碱厂的筹备工作。

在"永利"，侯德榜负责技术方面的工作，李烛尘负责经营管理。永利碱厂建成后，他俩曾一度轮流做厂长，每人一年。

1937年，范旭东创建的永利制碱厂、久大精盐厂以及黄海化学工业研究社（简称"永久黄"）等团体西迁，由李烛尘担任总体负责人，凡是可以搬动的物资、设备等，都尽可能地迁走。

1938年3月，全体技术人员、员工及家属逾千人全部安全到达重庆，"永久黄"团体在西南重新建厂，继续着制碱工业的梦想，同时也生产抗战急需的物资。

李烛尘在"永久黄"团体服务数十年，企业长成了参天大树，他个人却没有积蓄。范旭东为了让他能参加董事会，赠股5000元，才使他当选为董事。

后来李烛尘回忆说："就在1918年8月底，我和范先生作了一次长谈之后，非常投机，于是就决定了今后的终生职业。"

"九一八"事变后，日本一步步向关内逼近，范旭东仍旧没有停止他的盐碱事业，而且在1934年3月成立了永利旗下的南京铔厂，生产硫酸铵。

抗战爆发前的1937年2月5日，硫酸铵厂开始投产。硫酸铵是生产炸药的原料，范旭东在他的《记事》里写道："列强争雄之合成氨高压工业，在中华于焉实现矣。中国先有纯碱、烧碱，这只能说有了一翼；现在又有合成氨、硫酸、硝酸，才算有了另一翼。有了两翼，我国化学工业就可以展翅腾飞了。"

在抗战爆发前建成硫酸铵厂，有着非常重要的军事意义。作为亚洲第一流的化工厂，它令日本侵略者垂涎三尺。日本侵略者看到永利公司的军事价值——年产1万吨硝酸，可以制造几万吨烈性炸药。

面对日本人的收买，范旭东表示"宁举丧，不受奠仪"。日军气急败坏，派飞机对碱厂进行狂轰滥炸。在战火逼近的情况下，侯德榜当机立断，布置技术骨干和老工人转移，组织重要机件设备拆运西迁。

1937年8月7日，塘沽沦陷。侵华日军几次找到范旭东，要同永利合作办厂。但是他决不接受同日本人合作，作出了"全体职工，拆除设备，退出工厂，留厂待命"的决定。

为了摆脱日本侵略者的纠缠，继续发展民族工业，范旭东委托李烛尘等人周密安排撤退计划。

1938年1月，"永久黄"团体1000多名员工分别从天津、南京、青岛、海州等地撤出，陆续到达汉口，然后分兵两路：一路由范旭东、侯德榜带领的技术人员，出国寻找新的制碱方法，并完成建厂设计和设备购置工作；另一路由李烛尘带领其他技术人员、员工和家属等，于1938年3月全部安全到达重庆。他们在四川省犍为县五通桥老龙坝重建化工基地，名为永利化学公司，下设碱厂、硫酸厂、油厂、石灰厂等企业，继续进行工业生产以支援抗战。

1945年日本投降，范旭东十分高兴，准备向银行贷款，建设系列化工厂，发展中国的盐碱工业，使之在世界上占据领先地位，实现他的报国梦想。但是国民政府要员对他们的申请不予理睬。

范旭东本来就积劳成疾，此时心情更为郁闷，竟一病不起，1945年10月4日在重庆病逝。在范旭东的追悼会上，中共领导送上"工业先导，功在中华"的挽联，充分肯定了他在中国化学工业领域的地位和为中华民族作出的杰出贡献。

◎故事感悟

范旭东为奠定中国近现代民族工业的基础作出了重大贡献。他不求回报，在祖国最艰难最危急的时刻；挺身而出、济危扶困、实业救国。范旭东这个名字和他的贡献将永远被我们后辈所牢记！

◎史海撷英

范旭东发展实业

范旭东在创立永利碱厂后，碱厂的业务规模迅速得以扩展。在资金有所盈余后，范旭东又满怀热情地继续投身于民族化学工业当中。

1929年1月，范旭东向南京国民政府提出申请，希望可以获得资助2000万元的资助，以建设"国立酸碱厂"，但未能如愿。

1930年12月，南京国民政府将工商、农矿两个部门合并为实业部时，制订了十项实业计划，其中就有创办硫酸（即硫酸铵）厂一项，并于1931年成立了中国氮气公司。

消息刚一传出，英国卜内门公司与德国蔼奇颜料工业公司便表示愿意与中国一起合办硫酸铵厂。然而在正式商谈过程中，他们先是称中国没必要办厂，继而又提出如果"合作办厂"，那么12年内中国政府不能在湖南、湖北、江西、安徽、江苏、浙江、福建、四川八省与其他公司开设新的硫酸铵厂。同时，他们还坚持中国氮气公司的硫酸铵产品均要由英国和德国两公司组织联合包销。

由于英、德两公司所提出的条件过于苛刻，商谈没有成功。

对商谈过程耳闻目睹的范旭东，此时更加坚定了独立创办中国硫酸铵厂的决心。他表示，一定要将这一实业办成。

随后，范旭东取得了上海商业储蓄银行、浙江兴业银行、金城银行、中国银行、中南银行和交通银行的资助，再加上永利制碱公司几年来所积累的资本，于

1933年11月22日呈请实业部备案，自行创办硫酸铵厂。

同年12月8日，经当时的行政院会议批准，永利制碱公司于1934年3月更名为永利化学工业公司。新创办的工厂定名为南京铔厂（以后通称永利宁厂），设计能力为年产硫酸铵5万余吨。

自此，范旭东终于走上了发展实业的道路。

"红心灰皮"商人张云乔

◎烦天下或窜怨恨，其所以起者，以不相爱生也。——《墨子》

张云乔（1910—？），浙江慈溪市人。张云乔中学毕业后，考入上海美术专科学校西洋画系，师从大画家刘海粟。1932年，他怀着满腔的爱国热情，创作了撼人心魄的传世之作《血战宝山路》大型油画，在上海引起了强烈反响。随后，他加入了由地下党领导的左翼文联控制的"电通影业公司"，结识了夏衍、田汉、聂耳等进步人士，深受革命思想的感染和熏陶。在白色恐怖的战争年代，张云乔以工商业者的身份秘密从事党的地下工作，多次为党的抗日救亡运动筹集经费和运送战略物资，多次冒生命危险执行党的指示，为党转交巨额经费，为中国革命的胜利做了大量工作。

张云乔的名字鲜为人知。抗战期间，他受中共某首长的单线领导，以经营企业为掩护，为地下党多次提供汇款，为抗战事业作出了卓越的贡献。

1937年"七七"事变后，全面抗战在全国范围内轰轰烈烈地展开，上海的新华影业公司宣布暂时停业、疏散职工。

在该公司工作的张云乔因为有几位亲戚在汉口金融和工商界任职，所以几经周折，他来到了汉口。到汉口后张云乔才知道，自己的亲戚们已经分别去了湖南的长沙和常德。于是，他先是找到了老朋友史东山，后来又见到了著名演员陈波儿。

这时，陈波儿已有奔赴革命圣地延安的打算，因此与中共的领导人保持着密切联系。他们俩雇了一辆马车，前往大和街的招待所找党的组织，请示今后的去向问题。

到招待所后，陈波儿把张云乔介绍给党的一位领导，这位领导紧紧地握住张云乔的手，非常亲切地说："早就知道你了，夏衍对我提起过你。你是新华影业公司的人。今后有什么打算？"

张云乔向党组织详细汇报了自己原计划继续搞电影工作，但目前条件不具备，而工商、金融界有亲戚朋友，有意向工商业发展等具体的打算，请党组织指示。

这位领导沉思片刻后说："你在工商、金融界有较好的条件，就向这一方面发展也很好嘛，也同样可以为抗战事业作出贡献。"

另外，这位领导还就一些具体的工作细节做了安排和指导。张云乔有了明确的方向，决心暂时离开心爱的电影事业，利用亲戚朋友的关系从事商业活动，为抗战贡献自己的一份力量。

当时是第二次国共合作时期，这位领导同志此时担任国民党军委会政治部的副主任。张云乔的好友孙师毅担任其机要秘书，这样彼此的联系也更加紧密了。

最后这位领导同志指示，张云乔以工商业者身份在社会上出面从事党的外围工作，接受他的单线领导。

张云乔按照这位领导同志的指示，首先前往长沙，与亲戚创办了中国汽车贸易公司。他认为，抗战时期交通工具十分紧缺，在此时发展汽车贸易是个难得的机会。由于上海水路和陆路中断，他们主要从香港购进汽车。

在一段时间内，张云乔经常自己驾驶着新购的轿车押队，沿着粤湘公路开回长沙。有时为了避免敌机的轰炸，白天休息、晚上在崎岖的山间公路上颠簸北进，其中的辛苦和困难张云乔是非常清楚的。但为了能给抗战多筹措一些资金，他任劳任怨。

武汉沦陷后，这位领导和孙师毅等人来到长沙，在水风井设立了临时办事处，指挥政治部的人员和物资的过境撤退事务。第三厅的不少人到达长沙后，因一时找不到合适的地方，就临时在张云乔的汽车公司暂住和办公。

在此期间，张云乔听说三厅撤退在交通工具上有困难，就把自己的一辆汽车交出来供调度使用。这位领导同志立即安排夏衍、池田幸之（日本反战同

盟成员鹿地亘的夫人）、于立群等乘坐这辆轿车离开长沙到桂林，为三厅的随后跟进做前期准备工作。

为了确保汽车的安全行驶，张云乔驾车一路护送，直到桂林。然后孙师毅与八路军驻桂林办事处的同志联系，既给夏衍的《救亡日报》解决了办公地点，也给他们一行找到了临时住处。

几人在稍事休息后，张云乔又以购车作为掩护，驾车陪同夏衍到香港公干。为了抗战工作，张云乔可谓是操心劳神、日夜奔忙。

这里应该说明的是，张云乔所驾驶的别克牌"373"小汽车十分具有传奇色彩。它的第一位车主是赫赫有名的少帅张学良，后来几易其主，最终到了张云乔手里。在兵荒马乱的战争年代、在由湖南长沙到湘桂的大撤退途中、在帮助革命同志秘密转移的过程中，它来往穿梭，运送物资和人员，立下了汗马功劳。张云乔企业的员工们称其为"功臣车"。张云乔曾自豪地说："如果现在能找到这辆汽车，我国筹建汽车博物馆的话，当是无愧的展品之一。"

为了更好地为抗战服务、为党多做一些工作，也由于战争的原因，张云乔的汽车贸易公司也搬到了桂林。他一边经商，一边协助夏衍主办《救亡日报》在桂林的复刊以及运作等事情。

为了筹措办报的经费，1938年12月4日，张云乔又驾车陪同夏衍赴香港，找有关同志联系，接受华侨的捐款。

过了不久，张云乔的汽车公司又给夏衍的报社购买了一台印刷机，大大提高了报纸的印刷效率。《救亡日报》从1939年1月在桂林复刊，到年底已从每天出版2000份骤增到8000份。

中共首长后来到了重庆，但仍然和张云乔保持着单线联系。孙师毅在重庆曾多次给张云乔写信，转达中共首长对他的指示：为了工作上的安全和保密，要他在桂林以工商业者的身份在社会上出面，避免公开和党内人士交往。

《救亡日报》社长是郭沫若，他是无党派人士，夏衍为主编，同时也兼任对民主人士的统战任务，没有以党报的面目出现，因此张云乔可以公开给予援助。所以，报社的不少资金和费用都是张云乔的企业资助的。

　　重庆的党组织还通过重庆中国银行两次汇款20万元给广西的地下党组织，都是先汇到张云乔的名下，由他取出后再凭暗号交付给桂林真正的用款人。为了保密起见，中共首长的安排可谓用心良苦。

　　为了扩大企业的规模，同时考虑企业的发展、为抗战事业和党组织筹措到更多的资金，张云乔又在桂林先后创建了中一机械厂和一中制烟厂，既做汽车方面的生意，又生产、销售香烟。这些工厂后来都成了我们党在桂林的联络点，中共组织通过该厂与地下党取得联系。

　　张云乔看到香烟的销售前景不错，但自己的烟厂规模较小、生产的质量也不太好，于是决定终止汽车修理等业务，全力投入制造卷烟机器、扩大香烟生产规模，并抓好香烟的质量。

　　1944年8月，日军攻陷衡阳以后，向湘南和桂北进犯。桂林局势十分紧张，工商企业开始自行疏散，张云乔的烟厂被迫迁往贵阳。他带领全厂职工，经过多日的颠簸，与员工建立了同甘苦、共患难以及互相信任的特殊感情，所以到贵阳后，大家同心协力，一个星期就恢复了生产。

　　当时贵阳卷烟行业的厂社多达60多家，由于张云乔的烟厂信誉好、香烟质量高，张云乔被大家一致推为"贵阳市卷烟工业同业公会"的会长。经过内部调整和资金的筹措以及一系列的广告、宣传活动，他们生产的香烟有了很好的销路，在湘、桂、黔及重庆、成都等地供不应求。

　　由于业务上的事情，张云乔到重庆找到了住在通运门外街协合里1号的孙师毅，这一时期，中共首长经常在半夜单独到这里和他碰头联系工作。

　　此时，这里已被军统的人注意并监控了。为了安全起见，张云乔与孙师毅商量，他的烟厂在重庆设立一个销售点，表面上是售烟，实际上是把孙师毅的许多重要文件存放在这里，以免引起特务的注意，确保工作的顺利进行和人身的安全。

　　在此期间，张云乔曾委托孙师毅转告中共首长提出自己的入党问题，首长明确地对他说："你不入党要比入党好，因为许多工作需要党外人士去完成，这也是革命的需要。"

　　张云乔无条件地听从党的安排，表面继续挂着经商的牌子，但却从事着

党内人士不方便从事的工作。

抗战胜利后，国民党政府迁回南京，首长和其他领导同志等也跟着前往南京，在梅园新村设立了办事处。在此期间，张云乔到上海联系烟厂事务，廖沫沙受党的委派和张云乔联系，将梅园新村拨给香港《华商报》的一笔法币交给他，委托他想方设法代为转交。

接受任务后，张云乔马上把这笔款项交到了《华商报》经理萨空了手中。另外，他还做了一些有益的工作，如把孙师毅从重庆接到贵阳、安排到烟厂当顾问，一如既往地掩护进步人士在白色恐怖下秘密地进行地下活动等等。

◎故事感悟

在20世纪30年代到40年代的风雨岁月中，张云乔从上海到武汉，从长沙到桂林，又从贵阳到重庆，辗转广州、香港，风尘仆仆地奔走于抗战后方，为抗日战争的伟大事业做了大量的工作，为我党做了大量的工作，建立了不可磨灭的历史功绩。

◎史海撷英

东北抗日义勇军

东北义勇军是"九一八"事变以后东北沦陷初期以旧军队为基础的自发抗日武装力量，人数最多时曾达30万人上下，活动地区几遍于全东北。

东北义勇军的兴起，有力地打击了日本帝国主义的侵略野心，激发了全国人民的抗日意志，并且及时地在全世界人民面前揭穿了日本帝国主义伪造民意、树立伪满傀儡政权的阴谋。

因此，东北义勇军曾经得到全国人民的拥护和支持，并且得到全世界人民的重视和赞扬。当时，在穷凶极恶的日本帝国主义压迫和包围之下，在国民党政府不抵抗和不援助的打击之下，在装备、训练各方面相形见绌的情势之下，东北义勇军不顾一切，揭竿而起，以血肉和敌人相拼，这种民族正气和爱国精神，是永远值得歌颂敬佩的。

◎文苑拾萃

地下党

民族民主革命时期，中国共产党在国民党统治的地区和日本侵略军侵占的地区，秘密进行革命活动的党组织，通常称为地下党。

地下党的工作内容：

一、从事革命宣传工作，发展共产党组织。

二、搜集政治、军事等方面情报。

三、收集、运送各种急需物资。

四、帮助、护送重要人物出入敌占区、封锁区。

五、破坏、扰乱敌人对革命人士、共产党组织、解放区等的政治、军事行动；营救被捕革命人士、共产党员；转移暴露的地下党员。

六、惩处特务、汉奸、叛徒等。

慈善的阳光

◎英雄开心事，撒手千金报德时。——袁枚

一个曾被医生断言患了"不治之症"只能活二到三年的年轻生命，竟然奇迹般地存活了十二年，创造了医学奇迹。

这个幸运儿就是上海市第五十四中学"自强不息好少年"称号获得者朱磊同学。2003年8月31日，在各方的大力帮助下，朱磊同时成功地接受肝、肾移植手术，从而彻底获得了新生。

1990年仲夏，刚读完小学一年级的朱磊突发高热，持续不退。经医院检查，小小年纪的他竟患上了"不治之症"——先天性肝内管扩展症。

父母拿着"诊断书"，欲去医生处问个明白，一声"医生……"话未出口，哭声已充塞整个喉咙。

小朱磊只得离开学校离开了家，住进了白墙高高的医院。

这一住就是三年。一千多个日日夜夜，他徘徊在死亡的边缘、挣扎在痛苦的深渊。

病魔也有喘气的时候，小朱磊在治疗的间隙拾起心爱的课本，在"边读边治"的学习路上顽强拼搏。

朱磊病了整整12年，他的病也牵动了社会的方方面面：

——上海市第五十四中学，朱磊就读的中学。尚未开学，班主任老师就上门家访，了解朱磊的病情，并妥善安排他的助学金。全校师生也都积极奉献爱心，共为小朱磊募集资金四万多元。

——在朱磊16岁生日时，青少年保护办公室、湖南街道、天平街道共同为朱磊主持了隆重的生日庆典，鼓励他珍惜生命、努力学习。

——医院，与朱磊息息相连的地方。主任、教授亲自为他诊治，护士像亲人一样照顾他。他们都说："朱磊是我们上海儿科医院的儿子。"

——上海市慈善基金会金老师，时时为朱磊打探治疗方法。在他手术期间，市慈善基金会资助了近万元。

——徐汇区教育局、区团委时刻关心朱磊的学习和治疗情况，并定期给予他一定的资助。

——一位社会好心人士刘先生，慷慨捐赠10万元，资助朱磊医治疾病。

有人问，是什么力量使一个濒临死亡的人顽强地走过12年？

答案只有一个：慈善的阳光。

2003年，刚刚做完移植手术的朱磊望着无菌室外的"亲人们"，用微微颤抖的手，歪歪斜斜地写下两行字："谢谢爷爷奶奶，谢谢老师同学，谢谢所有的好心人！我一定努力学习，报答学校和社会。"

◎故事感悟

最能感受阳光温暖的是经历过严冬的人们。帮助朱磊的所有好心人看着逐渐康复的朱磊，已经从心灵上得到了慰藉，他们是世界上最美的人。

◎史海撷英

希望工程标志的使用

1983年，在安徽省金寨县桃岭乡张湾村一个普通的农家，苏明娟出生了。这是一个靠打鱼、养蚕、养猪和种田、种板栗为生的家庭，一家人过着拮据而简朴的乡村生活。

1991年5月，7岁的苏明娟成为张湾小学的一年级学生。有一天，《中国青年报》的摄影记者解海龙来到金寨县，准备采访拍摄希望工程。

在跑了十几个村庄后，谢海龙最后来到了张湾小学，看到了正在上课的苏明

娟。一双尤其能够代表贫困山区孩子"渴望读书的大眼睛"摄入了谢海龙的镜头。

在这幅画面中,一个手握铅笔头、两只直视前方的小女孩,一双大眼睛对求知充满了渴望。

这幅题为"我要上学"的照片发表后,很快就被国内各大报纸杂志争相转载,从而成为中国希望工程的宣传标志,而小女孩苏明娟也随之成为希望工程的形象代表。

爱心无价

◎出入相友，守望相助，疾病相扶持。——《孟子》

赵宪珍是上海市嘉定区个体协会的副会长、区妇联巾帼联谊会会员，曾经被评为嘉定区"三八"红旗手。

在大家的眼中，赵宪珍不仅是一名致富能手，还是一个对社会有着爱心的人。多年来，她多次为灾区捐钱捐物；每逢年节都会去看望孤寡老人，给老人送去慰问品、陪老人聊天；她还积极资助贫困家庭的孩子上学……为此，大家都把致富不忘献爱心的赵宪珍亲切地称为赵阿姨。

1994年，赵阿姨拿出自己家中的全部积蓄5000元，开设了一家熟食店。作为一个女同志，一不熟悉市场情况，二没有经营经验，创业的艰辛可想而知。可是，赵阿姨硬是凭着不服输的精神，一次又一次地迎接挑战。

两年市场经营的打磨，重新塑造了赵阿姨自强自立、永不服输的性格，原本规模较小的熟食店也逐步发展成为小有名气的饭店。

赵阿姨致富之后不忘回报社会，她先后资助了好几位贫困家庭的孩子上学。从1998年开始，她连续四年资助一位女孩上中专，女孩毕业后她又主动和学校联系，再次向困难家庭的孩子献出一份爱心。尤其是资助彭佳佳同学上学的事迹，一时被传为美谈。

2002年上半年，赵阿姨找到了中心小学，向校领导诉说了自己的心愿：她想资助贫困的孩子继续上学。

学校领导被赵阿姨的真诚感动了，他们为赵阿姨和彭佳佳搭起了亲情的

桥梁。

彭佳佳的父亲患病后，原本经济并不紧张的家庭一下子拮据起来，佳佳当时还在上小学，是个品学兼优的孩子。

赵阿姨知道了这个情况后，当即资助1000元，并且表示：彭佳佳的读书费用由她来负担，只要佳佳能读下去，她就资助佳佳读到大学。

赵阿姨见到彭佳佳后也十分喜欢，拉着孩子的手问寒问暖，小姑娘感动得流下了眼泪，从此赵阿姨和彭佳佳结下了深厚的"母女情"。

平日里，赵阿姨对彭佳佳都是嘘寒问暖；过春节时，赵阿姨还给彭佳佳买来新衣服，并经常让彭佳佳到家里吃饭，关心孩子的学习情况、生活情况，真是比亲生女儿还要亲。也难怪赵阿姨的亲生女儿酸溜溜地说："有了佳佳妹妹，您不关心我了！"

个体协会还把赵阿姨和彭佳佳这段感人事迹搬上了舞台，赵阿姨和彭佳佳同台演出，彭佳佳声情并茂的一声"妈妈"，不仅叫得赵阿姨泪流满面，也让台下的观众都为之动容。

赵阿姨对社会的爱心不仅仅表现在助学上，1998年抗洪救灾时，她一次捐款2000元；福利院迁建新址，她送来了亲手包的600个粽子和1000元现金；"非典"时期，她又捐了1000元。

而这时候，受到"非典"的影响，她自己的饭店也正在天天亏本……

有人说赵阿姨傻，可赵阿姨总是笑笑说，没有党的好政策、没有各方的协助帮扶，就没有自己的今天，能为社会作点贡献，献出一份爱心是幸福的，这样活着才有意义。

◎故事感悟

饮水不忘挖井人，能为社会作点贡献，献出一份爱心是幸福的，这样活着才有意义。每个人都有自己活着的信仰，无疑，赵阿姨的信仰是崇高而伟大的。

◎史海撷英

儿童福利院

　　儿童福利院是指收养无人抚养的孤儿、弃婴和残疾儿童的社会福利事业单位，由国家民政部门举办，国家给予经费，是一种儿童的公民权利、生存、生活和受教育的权利受到法律保护的儿童福利机构。

　　在儿童福利院中，民政部门制定的对收养儿童的方针是采取统一抚养、分类分班管理的方针。

　　对健全儿童，福利院要实行养与教相结合。福利院有条件的，可以自己开班上课；无条件的，要将儿童送往附近的学校走读，使他们在德、智、体、美、劳各个方面都能够得到全面的发展，从而成长为有理想、有道德、有文化、有纪律的合格人才。

　　对婴幼儿，则以保育为主，同时开展学龄前教育。

　　对肢体残缺但智力发育健全者，要实行养、治、教三者相结合的方针，一方面对他们给予康复治疗，使其能自理生活；另一方面则给予职业教育和技能培训，为他们将来走向社会创造条件。

　　对痴呆儿童，则需侧重训练其自理生活和从事简单劳动的能力。

　　儿童福利院中都配备有医生、护士、护理员和文化教员等，专门负责孤儿、弃婴和残疾儿童的生活护理、康复训练和文化教育等。

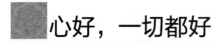

心好，一切都好

◎慈心善行，持之恒，冬暖夏凉，四季分明。——侯介福

每个星期三，在上海市慈善教育培训中心助学部，人们总会看到一个充满活力的女士的身影，她就是在慈善助学岗位上服务多年的志愿者——项芬芳。

项芬芳曾是一位企业管理人员，1992年退休于上海无线电二十六厂。1997年8月，她怀着一颗仁慈之心来到上海市慈善基金会，在助学部从事每星期一次的助学工作。

项芬芳承担的助学任务，主要是配合助学部的老师处理困难学生的求助信件。无论刮风还是下雨、无论严寒还是酷暑，每到星期三，项芬芳总会准时来到助学部。有时遇到助学工作特别繁忙时，她还会主动地多来几次。

为了保证每一笔善款都落到实处，助学工作人员最辛苦的工作要算是核实受助学生的家庭经济情况了。

有一次，项芬芳到上海市闵行区一个求助学生家里核实情况。下车后，一场暴雨不期而至。刹那间天昏地暗，电闪雷鸣，大雨如注。项芬芳整个人被雨水包裹起来，不一会儿她就成了一个"水"人。最后，她就是带着这副"尊容"，沿着弯弯曲曲的小路，叩响了这位同学的家门。

上海市向明中学有一个家境十分困难的学生需要帮助。在对该学生情况进行核实的过程中，项芬芳却听到了有人说"他的家并不困难"的反映。

为了对这位同学负责，项芬芳为此特地走访了他的家庭、学校、居委会、街道等地，掌握了大量的第一手材料，从而使他获得了慈善助学金。

后来，这位同学不但顺利地完成了高中学业，而且还考上了一所名牌大学。

项芬芳在十分平凡的志愿者岗位上做着十分平凡的工作,可贵的是她多年如一日,分文不取、兢兢业业地奉献着。

项芬芳是个家庭主妇,一家生活琐事都要她操办。但如果家中的事情与助学的工作发生冲突时,她选择的往往是"先公后私"。

2003年8月,项芬芳的小女儿从美国回来,给她带来了一对双胞胎的小外孙。家里一下子多三口人,助学部的工作人员担心她没精力也没时间再来做义工了。想不到,星期三的一清早,助学部的工作人员又看到了她那熟悉的身影。

"多做善事,心好,一切都好。"这是项芬芳义务从事慈善事业多年来的心得。她表示,只要健康状况允许,她将把慈善工作进行到底。

◎故事感悟

"多做善事,心好,一切都好。"项芬芳正是凭借着一颗善心默默地贡献着自己的力量,去帮助那些需要帮助的人。帮助别人,活得快乐,活得健康!帮助别人何尝不是帮助自己啊!

◎史海撷英

助学贷款

国家助学贷款是党中央、国务院在社会主义市场经济条件下,利用金融手段完善我国普通高校资助政策体系,加大对普通高校贫困家庭学生资助力度所采取的一项重大措施。

借款的学生不需要到银行办理任何贷款担保或抵押,但需要承诺按期还款,并承担相关的法律责任。

借款的学生通过学校向银行申请贷款,用来弥补自己在校学习期间的学费、住宿费和生活费的不足,毕业后则要分期偿还这些贷款。

◎文苑拾萃

做义工的五层境界

第一层：帮助别人，自己快乐。这是初为义工最深最直接的感受，在帮助别人后，看到别人获得快乐而自己也变得快乐。

第二层：身为义工，心是义工。不论身在何处，不管人到哪里，离开了服务场所也处处留芳，手有余香，为这个社会需要帮助的人们提供帮助，服务社会。

第三层：关爱他人，关爱自己。义工是爱的群体，把这种对服务对象的爱转化为对自己的朋友、爱人、同事、家人的爱和关心，让这个世界充满温暖。

第四层：发动社会，服务社会。用我们的影响力让尽可能多的社会成员都来关心我们的服务对象，进而关心我们这个社会。

第五层：生命不息，奋斗不已。送人玫瑰，传播文明，生命不止，奋斗不息。春蚕到死丝方尽，蜡炬成灰泪始干，做义工，一辈子！